統計学を使って
永続的に成長する優良企業を探す

クオリティ・グロース投資入門

「良い企業」に
長期で投資するための
勝利の方程式

なかのアセットマネジメント
チーフポートフォリオマネジャー **山本 潤** 著

Pan Rolling

序章
〜なかのアセットといえば、クオリティ・グロース投資〜

パンローリング社で編集を担当していただいた磯崎公亜さんと2003年12月に『投資家から「自立する」投資家へ』を出版して20年が経過しました。

今年になり、新NISA制度が始まるなど、当時と比べて株式投資は随分と身近なものになりました。ひどく低迷していた株式市場も今では活況を呈しています。

わたしが証券業界に入ったのは土地バブルの絶頂期1990年でした。わたしのファンドマネジャー歴は1997年に始まりましたが、走馬灯のように時は流れ、運用歴は20年をゆうに超えました。このタイミングで再び、磯崎さんと本書を出版できることは望外の喜びです。

さて、常々、わたしが残念に思うことがあります。海外の運用会社であれば、フィデリティと聞けば、それは何といっても成長株投資であり、シュローダーならばバリュー株投資という具合に、運用会社の名前を聞いただけで、その運用スタイルや運用の深みが想起されます。しかしながら、日本の大手の資産運用会社の名前を聞いただけでは、彼らの運用スタイルが想起できないのです。わたしには、それが残念でなりませんでした。

日本にも、名が体を表す資産運用会社を作りたい。わたしが所属する、なかのアセットマネジメント株式会社は、積み立て王子こと、中野晴啓(なかのはるひろ)さんがオーナー兼経営者として率いる長期成長株投資に特化した少数精鋭の資産運用会社です。そして、わたしの大望は、「なかのアセット」といえば、長期投資の花形であるクオ

リティ・グロース投資を想起してもらえるようになる、ということです。クオリティ・グロース投資という運用高度化の代名詞を中野さんや仲間と一緒に日本に根付かせたいのです。その強い想いを抱き、わたしは、2024年1月、なかのアセットの運用部長に赴任いたしました。

　株式運用を高度化し、国民文化に昇華していくことは、なかのアセットの社会的責務のひとつです。わたしたちは短期の株価動向に一喜一憂する態度から一線を画します。そして、確固たる長期展望に基づき、本物の長期投資の在り方を本書で提唱していきたいと思います。

　国政選挙で政党が政策をマニュフェストとして国民に提示するように、わたしたちなかのアセット運用部は、その運用スタイルであるクオリティ・グロース投資哲学やプロセスを、秘技や個人的な技量としてではなく、国民への約束として、本書にて提示したいと思うのです。運用会社にとって運用スタイルに誠実であることは最も大事なことなのです。

　着実に資産形成を促すための最善のツールとして、株式投資を長期的に捉えつつ、本書では新しい投資の考えを紹介していきます。運用の高度化とは、過去の伝統を重んじつつも、新しい理論を提唱していく営みです。本書では、一般には馴染みのない配当モデルという理論を時代実態に合うように再構築していきます。

　第1章では長期投資の仕組みについて詳しく解説します。
　第2章では、クオリティ・グロース投資の手法について組織論を踏まえて解説します。

第３章ではクオリティ・グロース判別式を導入することで統計的な手法を投資プロセスに組み込みました。具体的には、CAPM（資本資産価格モデル）と決別し、新しい時代の資本コストの在り方を提唱しています。

　本書を読み進めるにあたって、統計学の前提知識は不要です。付録として誰でも利用できる表計算ソフトを準備しています。クオリティ・グロース判別式を誰でも使えるように工夫したことが本書の最大の特色となっています。

　ただし、本書は、数式入りの書籍となっています。「数式を入れた書籍は売れない」と言われています。それを承知で数式をあえて書きました。たくさん売れることよりも、あり方を優先し、それがゆえに末永く読み継がれる長期投資の書となることが、わたしの願いです。

2024年１月吉日
なかのアセットマネジメント株式会社
運用部長　山本　潤

長期投資の意味
～自分のための長期投資。家族のための長期投資～

　いきなりですが、質問です。皆さんは、長期投資に対して、どういうイメージを抱いているでしょうか？

　この本が発売されているときは、ちょうど新NISAが始まっているときでもあり、「10年、20年という"長期目線"の積み立て投資」という投資スタイルに世間の目が向いています。

　一方で、運用の世界では、依然として短期トレードの人気も強い傾向にあります。

　短期トレードの魅力はたくさんあるかもしれませんが、そのうちのひとつに「比較的参加しやすい（トレードするチャンスが多そう）」というものがあると思います。例えば、会社勤めの人の場合、「（帰宅後の）空いている時間にササッとトレードして、1日数千円〜〜数万円くらい手にできたらいいな」というようなことを考えていたとしてもおかしくはありません。

　ただ……。「これから値段が上がるか、下がるか」という相場の方向性を当てないといけない短期トレードでは、それなりのスキルが絶対に必要になります。

　もちろん、やってやれないことはないです。"トレード"というものに対して、学生のころの受験勉強に取り組んだように、真剣に向き合い、チャート分析はもちろんのこと（※短期トレードでは、ファンダメンタル的な知識はあまり必要ない）、破産確率に代表されるような資金管理の技術などを会得することができれば、空き時間を利用して「ササッと稼ぐ」という、夢のあるト

レード生活を送ることも可能でしょう。

　でも……。もう一度言いますが、**短期トレードにはスキルが必要**です。そして、スキルをマスターするためには、圧倒的な努力も問われます。夢があるのも確かですが、その分、頭で考えているほど甘い世界ではない、ということも言えるのです（トレードの世界だけに言えることではありませんが……）。

　ここで、長期投資について考えてみましょう。**長期投資は"時間"を味方にするスタイル**です。喩えるなら、投資した資金に"時間"という名の栄養を与えて、じっくり育てていくイメージと言えるでしょう。

　短期的な値動きのブレがあったとしても、それは時間が吸収するので、刺激はないですが、安定して資金を増やすことができます。その代わり、ある程度のまとまった額に増えるまで、長い時間を要します。

　短期投資も、長期投資も、良いところもあれば、懸念するところもあります。したがって、自分がどういう資産運用をしたいのかによって、運用計画を立てていくべきでしょう。例えば、ある銘柄では短期トレードで勝負して、ある銘柄では長期投資でじっくり増やす。そのような考え方でもよいかと思います。

　ただ、本書は長期投資の本ですから、ここからは長期投資の良い点を中心に話を展開していこうと思います（長期投資の主なデメリットは、資産が増えるまでに多くの時間が必要となるということだけなので）。

　長期投資では、ずっと株を保有することになる関係上、要所要所で

配当金を受け取ることができます。そして、その配当金を再投資して保有株数を増やすことができます。この**「配当金を再投資していく」**ということは、安定的に資産を増やしていける、長期投資ならではのメリットです。

ただし、配当をずっと受け取るためには、**企業に永続性**がなければなりません。すぐに消えてしまうような企業ではダメということです。

ここで、もう少し議論を深めます。では「永続性があれば十分なのか」というと、実はそれだけでは足りません。（企業に）**成長性も必要**です。永続性だけあっても、成長性がなければ、資産の増えるスピードが鈍ってしまうからです。

永続性もあって、成長性も兼ね備えている。そういう企業が本書のタイトルにもなっている「クオリティ・グロース銘柄」です。高度な統計の知識を使って、このクオリティグロース銘柄を探すためのノウハウが本書のメインの内容になっています。

長期投資だからと言って「どんな銘柄でもよい」というわけではありません。「長期にわたって成長してくれる企業（株）に資金を入れるほうが効率が良い」という点は間違いないです。投資できる資金は限られているわけですから、銘柄を厳選していく必要があります。その方法（選び方やバリュエーションの評価方法）を、本書ではお伝えします。

今、20代や30代、40代の方は、クオリティ・グロース銘柄に資金を投資して、10年、20年、30年後の自分の将来のためにじっくり資金を増やしてください。長期投資なら、会社勤めの方でも、本業に影響を与えることなく、続けられます。本業でしっかりお金を稼ぐその裏側で、「"投資したお金"に働いてもらう」という考え方と行動を身につけてください。

今、５０代や６０代、あるいはそれ以上の方。私たち人間には、現実問題として、避けては通れない寿命がありますから「10年、20年、30年後の自分の将来のために……」と言われても、長期投資をするメリットが感じられないかもしれません。そういう場合は、**「自分のためだけではなく、愛する家族（配偶者や子ども、孫）のために長期投資をする」**という考え方にシフトしてみるのはいかがでしょうか？

　仮に今、60歳を迎えたとします。10年後、20年後、寿命の関係で増えた資金を手に取ることができなかったとしても、その増えた資金が家族に遺されれば、あなたが長期投資を行っていたからこそ、あなたの家族は救われることになります。

　このように、**長期投資は次世代に受け継ぐことができます。**このことには、とてもとても大きな意味があるのではないでしょうか。

　なかには、「単に長期投資を行うだけなら、積み立てNISAだけでいいじゃないか」と思われる方もいるでしょう。確かに、その通りです。何もしないよりは、長い目線でNISAを始める（＝投信を買う）ということでもよいかと思います。

　ただ、その投信の中には、クオリティ・グロース銘柄とは言いにくいものが含まれている可能性もあります。

　それならば、**"自分用NISA"を作る**つもりで、クオリティ・グロース銘柄を数銘柄集めて、そこに資金を投入していくのもひとつの手ではないかと思います。資金に少し余裕があるなら、証券会社等から提案されたNISAを始めつつ、その裏側でクオリティ・グロース銘柄だけでポートフォリオを組んで"自分用NISA"を作り、そこにも積み立てで少しずつ資金を入れていく、という二刀流でもいいでしょう。

　とにかく、**長期投資では、時間が大切**になります。ですから、でき

ることなら**「今すぐ、始める」**という気持ちと、それを行動に移す実行力が大事になります。思い立ったが吉日です。始めるのが1年遅れれば、1年分の運用効果を損をしたことになります。「チャレンジは、いくつになってからでもよい」という話もありますが、長期投資の世界では違います。始めるならば、少しでも早く始めたほうがよいです。

　本書で伝える**長期投資は、ギャンブルではありません。統計の知識を使って"長く成長する企業を応援し続ける"**ものです。自分のことはもちろん、家族のためにも、今こそ、本気で長期投資に取り組んでみてはいかがでしょうか？

パンローリング編集部

磯﨑公亜

第2章 クオリティ・グロースとは

第3章　クオリティ・グロース判別式(バリュエーション)について

コラム

第1章

Quality

**成長企業への長期投資は、
株式投資の王道スタイル**

Growth

~第1節~
株式投資のリターンとは
~「売買益（キャピタルゲイン）」と「配当（インカムゲイン）」~

1）資産形成は長期で考える

　預金金利ほぼゼロの時代が続いています。このような状況で資産を増やすためには、何をすればよいのでしょうか？

　その方法はいくつか考えられますが、安定的に、さほどのストレスを感じることもなく、個人の力でじっくり資産を増やしたいと考えるのであれば、株式への投資、しかも長期投資が有効だと考えます。

　なぜなら、株式投資には**配当**（後述）があり、その配当は長期で成長する傾向にあるからです。日本株市場の平均的な配当利回りは2％程度で預金金利よりも高く、さらに、株価自体も長期では上昇していく傾向にあります。

　世間では、デイトレードのような短期投資が人気ですが、実は、資産形成には長い時間がかかります。できることなら、「10年」単位のまとまった期間を資産形成に必要な時間と定め、コツコツと資産を積み上げていく。これが長期の積み立て投資の基本なのです。

　株式投資による資産形成で、大切なことは、第2節以降で紹介していきます。その前に、そもそも株式とは何かなど、基礎的なことからお伝えします。なお、本書は株式投資の初心者を対象としているた

株式投資で得られる２つの利益

キャピタルゲイン

◎「安く買って、高く売る（※高く売って、安く買い
　戻すパターンもある）」のように、値上がり益を指す
◎株式投資というと、このキャピタルゲイン狙いが主流
　と考えられるが、実際に短期で利益を積み重ねるのは
　難しい
◎「高く買って、安く売る」というキャピタルロスに終
　わることもある

インカムゲイン

◎事業の収益がある前提で、株を保有していれば、毎
　年（半年）、株主に支払われるもの。配当
◎定期的に支払われるもので、株式投資特有のもの

長期で見れば、企業規模の拡大により相応のキャピタ
ルゲインは享受できるが、長期の保有になればなるほ
ど、実はインカムゲインの永続的な成長が重要

配当を積み重ねる長期投資を狙う

め、投資用語についても、随時、丁寧に解説します。

2）株式とは何か　〜インカムゲインとキャピタルゲイン〜

「株式」なる投資対象について簡便にご説明します。

株式会社は、株主から集めた資本を活用して事業を営む事業体と言えるでしょう。収益が上がれば、株式会社から株主へ、投資に対する見返りである「配当」が支払われます。株式投資の際立った特徴は、この**"定期的な配当収益が期待できること"**にあります。例えば、ゴールドや原油などの商品投資には、このような利益分配の手段である配当がありません。

この**配当による収益を「インカムゲイン」**と呼びます。インカムゲインは基本的に毎年、あるいは半期ごとに企業から投資家に支払われます。

この配当自体は年間数％に過ぎませんが、毎年累計していけば、配当額は積み上がっていきます。

一方で、株価の値動きは年間数十％に達することがあります。その数字の動きのほうに投資家の多くは関心があります。配当よりも株価（の値動き）に興味があるわけです。この**株価の値上がり益を「キャピタルゲイン」**と呼びます。対して、株価の値下がり損を「キャピタルロス」と呼びます。

3）キャピタルゲインは「何」の影響を受けるのか

短期の株式投資家は、配当よりも株価を気にします。しかし、残念なことに、株価の値上がり益であるキャピタルゲインの予測はとても難しいです。なぜなら、株価は、法則性なく、日々動いてしまうからです。「キャピタルゲインがどうなるか」は"相場のあらゆる環境"

に左右されます。それだけに予測することは非常に難しくなります。預金とは違い、元本が保証されない株式投資では、頭の痛い問題と言えます。

4）インカムゲインは「何」の影響を受けるのか

インカムゲインは、株価ではなく、"事業の環境"に左右されます。景気動向や競合状況の変化に業績が影響を受けてしまいます。当然、不景気のときには収益が上がりにくくなります。そのため、業績が悪化すれば、配当を支払う余力が減少してしまうことになります。

配当は約束されたものではありません。収益が運良く出れば、その範囲で配当を得られるという類のものです。中には、恒常的に事業が赤字の企業も存在します。そうした「万年赤字」の企業では配当を期待することはできません。

5）長期投資の醍醐味は、インカムゲインが積み上がること

株式投資においては、キャピタルゲインも大事です。しかし、先述したように、値動きの上下を「短期」で当てるのはなかなか難しいものです。

その点、「長期」で見れば、企業規模の拡大によって相応のキャピタルゲインは自然な形で享受できます（過去は年率５％以上のペースでした）が、長期の保有になればなるほど、実はインカムゲインの成長力の重要性がより増す投資対象も中にはあるのです。

なぜなら、**配当は、企業の活動が続く限りは基本的に累積されていく**からです。毎年のインカムゲインの積み上げが、資産形成に着実に効いてくるのです。さらに、その配当が長期的に成長していけるならば、大きな投資成果をもたらしてくれるのです。

インデックスの配当について
考えてみる

　将来有望な個別株の選別手法を述べる前に、まずは株式市場を代表するインデックスの有効性についてお話しします。

　例えば日本株の場合、日経平均やTOPIXといった株価指数をインデックスと言います。本項ではこれらインデックスが、少なくとも過去においては有効な長期投資の対象であったこと、またインデックスの長期投資において成果が上がった背景や仕組みについて解説します。

　第1節で、長期投資における「配当（受取配当）の重要性」について、軽く紹介しました。その関係で、本節では、インデックスの中の配当に注目して、もう少し掘り下げて解説します。

1）インデックス（日経225）の配当について

　我が国では、上場企業は株式会社のほんの一部を構成する存在にすぎません。国税庁の会社標本調査（令和元年分）によると、およそ256万社の株式会社が存在しています。

　一方、（東証のHPに記載がありますが）2023年12月29日の段階で上場企業は3913社です。そのうち、プライム市場が1658社、スタンダード市場が1619社、グロース市場が554社、TOKYO PRO市場が82社です。

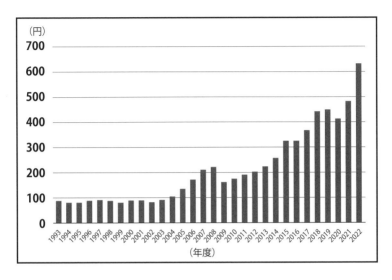

日経平均　配当推移

(円)

出所：ブルームバーグ。過去の日経平均の配当を算出

　日経平均（日経平均インデックス）には、日本の上場企業を代表する大企業225社が採用されています。その日経平均を見ると、毎年しっかりと配当が出ています。日経平均の構成比率は、大きい会社から小さい会社までさまざまです。225社の株価の単純な平均ではありません。最大のウエイトは東京エレクトロンとファーストリテイリングで、それぞれ8％程度です。

　上のグラフは、ブルームバーグという情報端末から日経平均の年間の配当額をプロットしたものです。ご覧の通り、リーマンショック（2008年）やコロナショック（2020年）といった経済危機時に配当は下がっています。このように、業績が下がると、配当もまた、下がってしまうことがあります。

しかし過去を見ると、インデックスの配当がゼロにまで落ち込むことはありませんでした。ところが、この話が個別株の場合になると、業績によっては無配に転落するものも出てきます。

　執筆時点の2023年12月29日時点で、日経平均は３万3000円程度で推移しています。日経HPによると、配当利回りは約2.0％です。つまり2024年３月期の配当は、株価から逆算すると600円台となります。この水準は過去30年で最も高い配当が出ている状況です。
　インデックスは、通常は配当込みの指数ではありません。ある期間、インデックスが横ばいであったとしても、その間に支払われた配当の受け取り分は投資家のプラスのリターンとなるのです。

２）受取配当を再投資し、余裕資金を定期的に追加投資する

　資産形成を長期で考えるとき、「受け取り配当の累計額が初回の投資額を超えるときがいつかやってくる」と予想されます。ただし、そのためには、長期的な配当の継続が前提となります。
　仮に２％の利回りであっても、配当を再投資することによって株数が"複利"で増えます。今後、利回りが２％のまま維持されれば、35年間経過すると（1.02の35乗を計算すると）、およそ２倍になります。

　もう少し、詳しく説明します。例えば、初回に100を投資して１年後に「２」が配当として入ってくるとします。この「２」の配当を再投資することによって株数が増えます。仮に、株価が横ばいならば、100に「２」を足した「102」が資産額になります。この「102」に対して、翌年、配当利回りが再度２％とすれば、102の２％ですから2.04の配当（2.00ではありません）が入ってきます。この配当で買える分だけ再投資することによって保有株数が増えます。次の年も２％

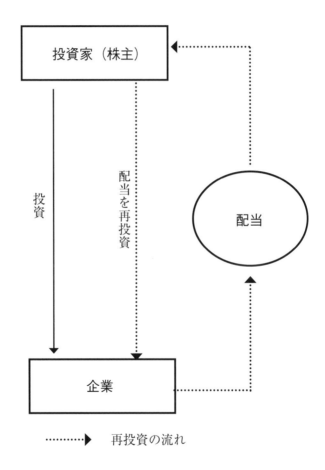

【前提】
配当が長期的に存在する＝企業が永続する

投資家（株主）

投資

配当を再投資

配当

企業

┈┈┈▶ 再投資の流れ

再投資の流れを繰り返して株数を増やしていく

の再投資利回りとすれば、そして株価が再び100だと仮定すれば2.08円の配当（2.04ではありません）が入ってくることになります。

再投資時点の株価にもよりますが、2円を単純に累積するよりも、配当を再投資すれば複利の効果を享受できるので、株数の増え方が大きくなるのです。

仮に「2」の配当を積み上げるだけであれば、初期の「100」の投資を回収するまでに50年かかります。

しかし、再投資することによって、実際にはもう少し短い期間で株数を倍にできます。初期投資の株数が2倍になる目安は50年ではなく、先ほどの計算通り、35年程度です（再投資期間は株価が低いほうがよいが、株価が高い期間をあえて避けると複利効果が犠牲になる。定期的な積み立てで株価の高い低いにかかわらず、再投資で資産形成するのが長期投資家の基本戦略）。

平均配当利回り(売買単位換算)

項目名	前期基準	予　想
日経平均	2.05 %	2.00 %
JPX日経400	2.02 %	2.01 %
日経300	2.07 %	2.06 %
プライム	2.21 %	2.27 %
プライム(加重)	2.20 %	2.26 %
スタンダード	2.27 %	2.30 %
スタンダード(加重)	2.16 %	2.14 %
グロース	0.39 %	0.48 %
グロース(加重)	0.28 %	0.36 %

2023年11月1日現在　日経新聞社HPより。
https://www.nikkei.com/markets/kabu/japanidx/

1.02を35回かけることを「1.02^35」と書くことにします。

$$1.02\textasciicircum35=2.00$$

　「＾」マークはウェッジと呼びます。エクセル表計算の演算にならって「べき乗」を意味するものとします。例えば「２＾３」であれば「２×２×２」を意味します。

　さて、相場が悪いとき、例えば2022年３月初旬のウクライナ危機のように日経平均で2.5％の利回りがあると、同じ35年間の再投資ではどうなるでしょうか。「1.025^35＝2.37倍」ですね。配当利回りが高いと株数が増えやすいのです。

　ただし、このとき注意が必要です。初期投資の時点の利回りを2.5％としましたが、再投資時の利回りも同様であることが前提です。ところが、再投資時点の利回りは想定できないのです。「株価の上昇＝配当利回りの低下」という等式が成り立ちますので、配当利回りは市場が良くなれば低くなります。この利回りが低くなることを再投資リスクと言います。一方、高い利回りが持続していれば再投資では有利になりますが、その分、株価は下がってしまっているかもしれません。

　このように利回りと株価の関係は反比例ですので、インカムゲインとキャピタルゲインどちらかではなく、両者を総合的にとらえることがトータルリターンには必要になります。株価の高い安いに一喜一憂するのではなく、株価が安いときには将来の利回り的に有利だと考え、株価が高いときには株が上がって良い状態だなと考えるのが長期投資家の好ましい態度だと、わたしは思います。株価の水準判断は誰にとっても簡単ではないからです。簿価と単に比較して株価が高いからという理由で株式を売ってしまったら、その後、インカムゲインが

入らなくなります。あるいは、高い株価と思って売ってもますます株価が高くなるかもしれません。**株価のその時々の状況に左右されずにコツコツとインカムゲインを再投資し、余裕資金を定期的に追加投資していくことが資産形成の王道**だと、わたしは考えています。

3）インデックスにおける配当の３つの特長

　インデックスに限定したときの配当の特長を３つ、紹介します。

①インデックスには、銀行預金の金利を大きく上回る利回りがある
　株式投資における配当利回りは、歴史的にはどの程度だったのでしょうか。ここでは、インデックスについて、過去の実績を見てみましょう。

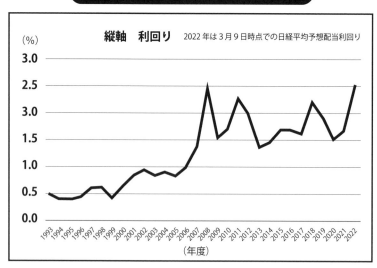

出所：ブルームバーグ。筆者作成

過去15年を見ると、日経平均の配当利回りは、預金金利を上回る1.5％から2.5％のレンジに入っています。1990年代には１％よりも低い利回りが続いたこともありました。これらを検討すると、配当利回り2.5％はかなり高い部類に入ります。

　株価が動けば、この配当利回りもまた動きます。先述したように、配当は約束されたものではありません。配当は企業の業績に応じて株主に支払われるものです。業績が拡大すれば配当も拡大する余地が大きくなります。逆に、不景気になって企業の業績が悪化すれば配当は減ってしまうこともあります。

②過去に無配になっていない

　もう一度、前ページのグラフを見てください。企業の業績が悪化すれば配当は減ってしまうことがあるという話をしましたが、そうはいっても、日本株の代表的な指数である日経平均では、概ね２％程度の利回りが期待できることを、先ほど確認しました。

　さらに、もうひとつ、見落としてはならない事実があります。1993年からの配当推移を観察するとわかるように、配当がまるで出なくなるような事態に陥ったことは、過去に一度もないのです。

　以上の観察結果の通り、インデックスに意味がある高さの利回り（２％）が常に存在すること、そして無配にならないことは、非常に重要であると考えています。この事実をまずはしっかりと認識していただきたいです。

③時間とともに成長する

　３つ目が、最も重要な観察結果です。それは「配当は時間を経るにつれて成長した」という事実です。前述の23ページのグラフによると、1993年日経平均の配当は100円程度でした。それから30年経過した2023年11月１日現在、640円の配当水準になっています（11月１日

時点の日経平均と利回りから逆算できます）。配当は30年で６倍以上になったのです。

　無論、リーマンショックのような景気悪化局面では、配当が減少することもあります。増配や減配を繰り返しつつも、長期では配当が数倍規模に成長していることを事実として認識していただきたいのです。

　このように、過去データからは、以下のような日経平均の３つの重要な観察が見て取れます。

◆インデックス投資（日経平均の場合）のまとめ
①直近15年配当利回りは２％プラスマイナス0.5％で推移
②日経平均の配当は無配になることはなかった
③最重要事実→配当は30年で６倍以上になった（年率の配当成長率
　に換算して６％程度）

　これら３つの観察結果について、わたしの感想を次節以降で述べます。

4）インデックス投資がなぜ有効だったか

　なぜ日経平均の配当はゼロになることがなかったのでしょうか。
　企業単位で考えると、業績悪化から無配に転落することもあります。しかし、インデックスは100銘柄以上で構成されているため、すべての銘柄がゼロにならない限り、インデックスの配当はゼロにならないのです。

　また、長期にわたり配当が成長してきたのはなぜでしょうか。
　企業は絶えず新商品を開発しています。企業はいつも新しい市場を

探し求めています。日本経済が低迷し国内事業が厳しくなっても、他の元気な国で商売を始めることができます。

　世界経済の成長性は比較的健全です。そして、日経平均などの代表的なインデックスに採用される企業は大企業が中心です。大企業はグローバルにビジネスを展開しています。日本市場がダメでも、インドや米国が良いという場合もあります。

　また、大企業には優秀な人材が多く集まっています。企業統治も高度です。大企業は中小企業よりも市場のシェアが高くなります。市場をしっかりと押さえているから大企業であり、下請けに甘んじているから中小企業である場合も多いのです。大企業であれば財務的な余力も社会的信用も高く、銀行借り入れも容易です。より魅力的な買収ができることも大企業の強みです。

　このように、大企業は常に成長してきました。そして、企業の成長に伴って、株主に還元する配当も成長してきたのです。

　以上のことなどから、大企業（大型株）中心のインデックス投資は、投資初心者にとっては好ましいと、わたしは考えます。

~第3節~

個別企業（上場企業）の配当について考えてみる

本節では、インデックスというマクロ的な視点ではなく、個々の上場企業というミクロ的な視点から配当について描きなおしてみます。

まずは、上場企業の特性について、一緒に考えていきたいと思います。

1）上場企業の永続性について

株式会社にはあらかじめ決められた寿命はありません。適切に経営がなされているならば、企業は永続的に存在することが可能です。

日本では、株式会社は明治時代に導入されました。ですから、日本の株式会社の歴史は百数十年程度に過ぎません。ただ演繹的に考えて、営業キャッシュフロー（事業からの収益）の範囲内で支出を抑えれば企業活動は継続できます。手堅く事業を行うことは「永続」の前提条件となると思うのです。この "キャッシュフローの範囲内で支出をコントロールする経営" をキャッシュフロー経営と呼びます。

ここで、組織の永続性について、少し考えていきたいと思います。企業が永続するならば、配当余力も永続するでしょう。ただし、それは、今現在の主力事業が必ずしも永続することを必要とはしません。事業の内容は時代とともに移り変わってもよいのです。

個人の事業行為は、プロ野球選手にしろ、オリンピアンにしろ、小説家にしろ、ピアニストにしろ、生命体としての寿命を超えることはできません。しかし、"個人"を離れるならば、名門といわれる学校やチームなどの組織を永続させることは可能です。世界最古の大学と呼ばれるオックスフォード大学は、その起源を11世紀に遡ることができるそうです（以下のQRコード）。住友金属鉱山のHPには「創業430年」とありました。家業として脈々と100年以上営む組織体は多数、存在しています（もちろん、ベートーベンの楽曲は本人がいなくなってからもキャッシュフローを生んでいますが）。

　企業には経営者が存在します。経営者が優秀であれば、社会の変化に応じて事業内容を少しずつ変化させることができます。開業何百年を謳う薬屋さんは、江戸時代の薬を現代まで何も変えずにずっと売り続けているわけではありません。

　また、適切に運営されている企業には寿命はありません。法人には決められた長さの命はなく、企業としての社会的な存在価値があれば、ずっと存在することが可能です。

　時代とともに企業の営む事業内容は進化し発展していくものなのです。

　当たり前のことですが、大企業（上場企業）だけでなく、いつの時代にも、零細な個人経営企業も多数あります。ただ、個人経営では、経営者に寿命が来たときに、跡継ぎがいなければ会社は畳まれてしまいます。

一方で、上場企業の社長には任期があり、次世代に経営を引き継いでいくことができます。優秀な経営者ならば時代の先を読むことができ、必要であれば、時代に合わせた事業内容の意図的な変更も可能です。大量の資金を投じて新事業を買収し、一定レベルの規模まで新ビジネスを引き上げることもできます。場合によっては、ライバル企業を買収してしまうことも可能です。

　また、上場企業には過去の富の蓄積がありますから、それらを用いて財務内容を良好にできる場合があります。例えば、保有現金を使って新しい事業を購入できますし、人材を雇用して新事業を立ち上げることもできます。中小企業に比べると、相対的に見て、人材獲得に良い条件が出せるという点が大企業の強みなのです。

２）変化に対応できる　～永続性と成長性に注目～

　永続性を考えたとき、企業には時代に合わせた適切な変化が求められるのではないでしょうか。事実、良い変化を遂げることが可能な企業は生き残るでしょう。人々の需要や社会的なニーズが先細りになるような成熟商品があれば、その取扱いを意図的に小さくしていく。そして、成長が期待される商品を新しく開発していく。できるだけ将来性のある事業を立ち上げ、優秀な人材を将来性のある新規事業へとシフトさせる。そのような努力を上場企業は行っています。

　過去の良い事例として、よく取り上げられる企業が富士フイルムです。銀塩カメラのフィルム事業を主力としていた彼らですが、残念なことに、フィルムカメラはデジタルカメラやその後のスマホの影響もあってほぼ消滅してしまいました。主力商品の切り替えなしでは生き残ることが難しかったのです。

　しかし、先を見越してフィルム事業を縮小する一方で、光学フィル

人間には寿命がある

↕ ところが

適切に運営されている上場企業には寿命がない

⋮ 何が良いかというと

↓ 過去の富を使えば

現在の事業を充実させることはもちろん、
新しい事業を立ち上げることもできるなど、
「変化」に対応できる＝生き残れる

↓ 同時に

**企業を永続させるために欠かせない、
「良い人材」が確保できる**

↓

**企業が永続できれば、
金の卵（配当）をずっと生み続けてくれる**

ムや事務機に事業をシフトしていきました。次に、事務機がペーパーレスで時代遅れになるとみると、ライフサイエンスなどの新しい成長分野へ経営資源を傾斜させていったのです。

　ここで、少し話をまとめましょう。生き延びることができたからといって、株は買いにはなりません。それほど単純なものではありません。株式投資では、慎重に銘柄を選ぶ必要があります。

　銘柄を選ぶポイントはいくつか考えられますが、そのなかのひとつとして、**「配当」をずっと受け取るという視点に立つならば、永続性も評価の基準のひとつになる**という話です。

　株式として投資対象になりうるということと、企業が永続的であるということは違う事柄です。富士フィルムは、単に変化した会社のひとつとして取り上げたに過ぎません。

　ところで、永続性さえあれば、個別企業の「配当」を考えた場合、それで十分なのでしょうか?

　結論から言うと、**意味がある規模で企業が収益を維持するためには、永続性に加えて、成長性も必要です。**単に企業が永続しているということではなく、企業が長期にわたって成長しながら配当をしっかり出すことができてはじめて、いつか、インカムゲイン（配当）だけで初期投資額を超えることができると考えるからです。**「株式の長期投資では、累計のインカムゲインが、資産形成のベースになる」**と、わたしは個人的に思います。

　このように、社会の変化に対応することで、企業は業績の衰退を抑えたり、あるいは維持したり、もしくは成長させたりすることができます。変化に適切に対応しつつ成長できれば、配当も長期にわたり増

大していくことが考えられます。**適切に変化を続ける企業は、投資家にとって金の卵を毎日生む「幸せの青い鳥」となりうるのです。金の卵（配当）を永続的に生んでくれる可能性がある**からです。

　大きな会社の組織では、次世代のリーダーの育成も重要な経営課題です。日本の大企業の多くは、グローバル規模で世界各国に次世代リーダーを集めた人材プールを設置しています。その人材プールの中から、まずは小さなプロジェクトを次世代リーダーに任せてビジネスの練習を積ませるのです。そして、さまざまな経験を通して若手が実績を積み上げ、人望を備え、取締役へと抜擢されていくのです。

　こうした次世代の若手の育成状況を見つめることも、投資にとっては有効なのです。人の成長が企業の成長に結びつくからです。

３）なぜ企業の業績は長期的に維持されるのか　〜複利効果〜

　仮に、企業規模が拡大せず、ずっと売上や業績が横ばいだと仮定しましょう。それでも毎年の配当の再投資によって投資家の持ち分（保有比率）は複利で増えていきます。このことを**複利効果**と呼びます。

　例えば、２％の利回りならば、２倍になるのに50年はかかりません。先述したように、もう少し早くて35年で２倍になることを計算で確認しました（1.02^35=2.00）。

　先に、**「企業の配当に注目するときには、永続性と成長性の２つが重要」**という話を紹介しましたが、永続性だけであっても（成長性がなくても）、複利効果を享受することで、投資家は配当の再投資により株数を増やし、保有比率を高めていくことは可能なのです。

４）個別企業の事業の成長の軌跡の一例

　さて、ここまでは、"配当が横ばいであっても"という仮定で話を

進めてきました。日経平均の配当の長年の推移を見れば、配当は横ばいでは留まりませんでした。配当が成長していたことを思い出してください。日経平均は6～7%程度で配当を成長させていました。

ここからは、**成長性**についてもお話をしていきます。

次に個別株を例にして企業規模の変遷を見てみましょう。

四季報（1951年版）によれば、信越化学の時価総額（株数と株価から計算できます）は、およそ1億円ということがわかります。

1970年になると、売上は半期で190億円程度（通期400億円程度）です。時価総額は200億円に拡大しました。

1990年には、信越化学の売上は2500億円規模になります。時価総額は5000億円台となります。PERは50倍程度。当時、土地バブルで株価は青天井でした。信越化学の時価総額であれば、土地バブルのピークで買っていたとしても、後々、バブルのピークを軽く抜いていくことになるのです。

そして、2022年の信越化学の時価総額は7.4兆円となりました。売上は2兆円となりました。2023年12月28日現在の時価総額は12兆円程度です。

◆信越化学工業の時価総額

年	時価総額
1951年	1億円
2023年	12兆円

1951年の時価総額１億円から2023年の時価総額12兆円へと成長しました。72年で12万倍となりましたが、年率の複利ではやはり18％程度です［1.176=120,000 ^（1/72）。27ページで紹介したように「＾」マークはウェッジです。また、本書ではa×bをエクセル表計算の演算a*bで「*」マークで乗算を表すものとします。乗算についてはabと書き、マークを省略する場合もあります］。

　もちろん、信越化学という優秀な成長企業を取り上げたので、たまたまインデックスを大きく上回るこのような素晴らしい結果になったのです。どの企業でも同様に企業規模が拡大するわけではありません。

　しかし、信越化学のように、**個別銘柄の中には、数は少ないかもしれませんが、インデックスを大きく上回る運用結果を手にできる**ものがあります。そのことを、まずは理解していただきたいと思います。

　ここまでの話を踏まえ、次節からは、具体的に「どういう企業に投資すべきか」について、紹介していきます。

投資すべきは、
永続性と成長性を兼ね備えた企業
＝拡大再生産を実現できる企業

　前節で紹介した信越化学のような、インデックスを大きく上回る運用成績を手にできる企業とは、どういうものでしょうか？

　結論（総論）を先に言うと、**拡大再生産を実現できる企業**が "それ" に当たります。もう少し具体的にお話しすると、（変化に対応することで）**永続性をもって成長できる企業**に投資すべきなのです。

　永続性をもって成長できる企業とはどういうものなのか？　このことを念頭に置いて、以下、読み進めてください。

1）長期の成長は足元の短期利益の再投資の積み上げ

　上場企業の業績拡大は「何」によってもたらされたのでしょうか。

　もちろん「成長を目指す」という経営の意思があると思われます。そして、事業継続による社員の熟練度や生産性の向上も関係します。DX（デジタルトランスフォーメーション）の導入など、技術革新の恩恵もあるでしょう。

　何よりも、世界の人口が増えることや平均寿命が延びることでグローバル経済が拡大していることも考えられるでしょう（右図参照）。

　そして、忘れてはならないことが「**成長を可能にするのは毎年の利益だ**」ということです。その利益を原資にして、企業は再投資をします。企業が利益を効率良く既存事業に再投資して売上が増加する。そ

上場企業の成長力

↓ 成長力を支えるのは

社員の熟練度や生産性の向上
技術革新などによる生産性の向上
世界人口の増加による経済発展　など

⇓ 突き詰めると……

毎年の利益が企業を成長させる

↓

利益を既存事業に再投資する
つまり、複利で企業規模を拡大する

↓

拡大再生産

して、企業規模が大きくなる。これを**拡大再生産**と呼びます。複利で規模を拡大できる場合があることに着目してください。

　特に世界の人口はずっと増え続けてきたわけですから、人々の生活に根付いた商材やサービスであれば、時代遅れにならない限り、ベースの人口増とともに需要は増えていくと考えてよいでしょう。

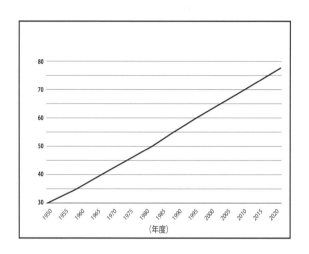

出所：セントルイス連銀。世界人口の推移。縦軸が人口で単位は10億人
https://fred.stlouisfed.org/series/SPPOPTOTLWLD

２）企業の永続的成長には、良い経営者と良い社員が欠かせない

　利益が企業を成長させるという話をしました。この利益の再投資は経営の永遠の課題と言えます。なぜなら、投資先の開拓が必要となるからです。経営者が社会のニーズを把握し、現場が強く差別化された商品を開発できたとしても、利益率が確保できる商品価格で売れるかどうかは未知数です。良い投資先は、考えたらわかるという単純なものではありません。

再投資をする場合、新領域にチャレンジすればよいという考えもあります。確かに、それは重要です。しかし、誰もやっていない領域は、何らかの理由があって誰もやらなかったわけですから、難しいチャレンジであることには変わりがないのです。

　失敗から学び、成功へと導くのが理想です。ただし、失敗を許容する文化を醸成することは、なかなか難しいものです。社員のやる気が高いだけではなく、それが継続するためにはどうしたらよいでしょうか。

　私見ですが、自由闊達な企業文化が根付く必要があるのではないかと思うのです。そのためには、企業経営者の覚悟やリスクテイクが必要です。「新製品や新サービスが社会に受け入れられるかどうか」には、現場の努力だけではなく、経営者の目利きや決断、覚悟も大事になってきます。もちろん、投資ですから失敗することもあります。

　繰り返しになりますが、良い投資先を開拓することは経営者の重要課題のひとつです。絶えず組織を活性化し、社員の人生を豊かなものになるように手助けすることも経営者の仕事のうちです。

　この「事業を、将来、どう拡大していくのか。事業の将来性をどう考えるか」は、経営者のみならず、投資家にとっても非常に重要なことです。投資家は経営者を応援すべき存在です。同時に経営者の相談相手やご意見番となるべき存在でもあります。

　経営者の仕事とは、**「事業を」「どの順番で」「どう拡大していくか」を決めること**です。一般論として、隣の芝生は青く見えるので、コストカッターとして新市場に参入しようとする経営者は多いのですが、わたしはその考えには反対です。そのような市場では、競争が厳しくなる一方だからです。消費者はコストカッターやディスカウントストアを評価しますが、それは社会的にはデフレを招くことになります。国家も、社員も、市場も、皆が疲弊してしまいます。価格を下げ

利益の再投資＝拡大再生産

↓ しかし……

利益の再投資（投資先の開拓）は
簡単ではない

↓ チャレンジ精神を育てるには

失敗を許容できる企業文化が必要

↓

カギとなるのは企業経営者

↓

「事業を」「どの順番で」「どう拡大していくか」を
決めること＝経営者の仕事

‖

投資家の仕事でもある

てシェアを奪うという行為は、世界にとって、建設的な結果にはあまりつながりません。地球環境にとっても、資源をなるべく使わないで、高くて良いものを大事に長く使うべきだと個人的に思います。

モノだけではなく、食事や飲み物もそうです。ホテルのラウンジでお水をいただけば1000円ぐらいの値段になるかもしれませんが、それは、ホテルという快適空間を利用するためのサービス価格なのです。モノではなく、人へお金を還流させるのが良い経済です。

持続的成長のためには、付加価値の高いものを、従来よりも高い値段で頑張って提供するサイクルを作り出すことが欠かせません。実際、わたしの投資戦略の基本（「市場の成長」「シェアの上昇」「商品価格の上昇」という３つの条件のこと。これらは第２章で後述）は、付加価値戦略を評価することにあります。

そして、高い付加価値を提供できる企業を見つけることが、投資家の仕事だと考えます。

３）収益性（利益）を確保するために必要なこと

投資家が、２％の配当利回りであっても、単利の50年でなく、再投資の複利35年で資産を２倍にできるという話を、24ページで紹介しました。ただ、これはあくまでも日経平均というインデックスを引き合いに出したものでした。

この話と同様に、個別企業の場合で、"利益が横ばい"でも、再投資によって企業規模を複利で増やしていくことができるのでしょうか。

結論から言うと、残念ながら利益が横ばいでは、それは「できない」のです。もちろん、投資家が受け取った配当を株式に再投資することで持ち分（保有比率）を高めることはできますが、配当が増えていかないのであれば、成長期待がありません。そのような企業の株価

が長期で上昇していくことはありません。

投資のリターンは「キャピタルゲイン（値上がり益）」と「インカムゲイン（配当）」の和です。インカムゲインだけでは、リターンは乏しいものになってしまいます。

例えば、「100」の売上で「10」の利益を出す企業（利益率10％）があるとしましょう。市場が飽和していて、これからの将来を考えても「100」を売るのが精一杯であるとしたとき、どうするべきでしょうか。毎年の「10」の利益を使って人を新たに雇うべきでしょうか。

仮に人を雇ったとしても市場は飽和しているので、それ以上の売上は期待できません。要するに、利益を再投資しても拡大再生産に寄与できないのです。

その場合、利益は投資家に全額還元されるべきです。仮に還元がなければ、利益はそのままキャッシュとして内部に留保されます。そうすると自己資本は増えますが、翌年以降の利益が「10」のままでは、企業の収益性を表す「ROE（次ページ参照）」が低下してしまいます。

BPS（1株純資産）が100のとき、10の利益を内部留保すればBPSは110になります。ところが、利益が10で横ばいならば、ROEは10.0％（10÷100）から9.1％（10÷110）へ低下します。

以上を踏まえると、企業が収益性を確保する（ROEを一定以上に保つ）ためには、次のことが必要になります。

（利益を増やせるだけの）良い再投資先を見つけなければならない

それができないならば、

利益を配当や自社株買いとして、株主に還元しなければならない

～用語集　その１～

◎ ROE

　ROE（Return on Equity）は、株式投資において会社の収益性を評価するための重要な指標。会社が投資家に対してどれだけ収益を生み出しているかを示す数字です。計算式は以下の通りです。

$$ROE = 純利益 \div 株主資本$$

　高い ROE は、会社が株主から出資されたお金を有効に活用し、収益を生み出していることを示しています。

◎ BPS

　BPS（Book value Per Share）は、ある会社の「純資産」を「発行済みの株式数」で割った値を表します。「純資産」とは、会社がすべての負債を返済した後に残るお金です。計算式は以下の通りです。

$$BPS = 純資産 \div 発行済みの株式数$$

◎配当性向

　配当性向（Dividend Payout Ratio）は、会社がその利益の一部を株主に配当として支払う割合を示す重要な概念です。会社が稼いだ利益（純利益）のうち、どれだけを株主に配当として支払うかを示す割合です。計算式は以下の通りです。

$$配当性向 = 配当 \div 純利益$$

　高い配当性向がある会社は、株主に多くの利益を還元していることになります。

良い再投資先を見つけることについては、先述したとおりです。そんなに簡単にはいきません。

　そして、もしも良い再投資先を見つける経営努力を放棄するのであれば、利益は全額、配当もしくは自社株買いとして投資家に渡すべきなのです。実際に、利益の全額を投資家に還元するような企業もありますが、日本企業はわたしの見る限り、「投資家への還元が十分」とは言えません。

4）配当の成長率　〜ROEと配当性向との関係〜

　ここからは、良い投資先があるという状況で、利益の拡大再生産ができるという前提の話をします。競争も厳しくなく、収益性の指標であるROEが長期に維持できると仮定します。

　一株当たりの純資産であるBPS（前ページ参照）の成長率は「ROE×（1－配当性向）」となります。ROEは純利益と株主資本との比です。「1－配当性向」は内部留保率です。拡大再生産が可能であれば、内部留保部分を事業に再投資すればよいわけです。ROEが10％で配当性向が30％のとき、配当成長率は7％と計算できます［ROE×（1－配当性向）＝10％×（1－0.3）＝7％］。配当もBPSも7％で成長していくと見なすのです。

　BPSや配当の成長率は、ROEの水準が高いほど高くなり、配当性向（前ページ参照）が低いほど高くなります。ただし、「事業の拡大再生産ができる」という前提です。

　ROEは、企業が株主資本当たりで稼いだ利益のことですし、配当は利益の一部である場合が多いため、配当利回りよりもROEのほうがずっと高いことが一般に知られています。ROEは利益で、配当はその一部にすぎません。

コラム　資本の成長のほうが所得の伸びよりも高い

　「所得の伸び率よりも企業の資本の伸び率のほうが高い」
とトマ・ピケティは著書『21世紀の資本』（みすず書房、
2014年出版）で示しました。これは、資本収益率（＝r）が
経済成長率（＝g）よりも高いという不等式が話題になった
本でした（ｒ＞ｇ）。

　ピケティの主張は至極当然のことです。経済成長率という
のは、例えば、皆さまのお給料の増加率を指します。これが
複利でずっと増えるかというと、残念ながらそうではありま
せん。社会全体では新陳代謝が起こります。グローバル規模
で賃金の高い国から低い国へと企業は仕事を移管していきま
す。先進国の労働者は後進国の労働者の賃金と比べられてし
まうのです。また、企業においては年老いた社員が順次、退
職していきます。そして給料の安い新人が毎年入ってきま
す。だから企業の人件費はそれほど上がらないような仕組み
になっています。

　一方で、事業の収益性の代表的な指標は営業利益率やROE
です。こちらには、さまざまな追い風が吹きます。後述して
いるように、スケールメリットや技術革新による生産性の向
上などは、その代表例です。

　「ピケティの主張は至極当然のこと」とわたしは言いまし
た。一言でその正しさを表せば、人には寿命があり、法人に
は寿命がないということで説明できます。グローバル大企業
であれば、長期で物事をデザインできます。時流に合わない
ものをやめ、時流に乗るものを始めることが可能です。

一方、費用の上昇は限定的です。給料の高い年寄りが辞めて給料の安い若者が入ってきたり、費用の高い国から費用の安い国へ企業は拠点を移していくことなどができるからです。

　一般に、ベースアップや年功による昇給率よりも、営業利益率やROEのほうが高いわけです。配当性向を3割程度としてROE8％とするならば、5～6％の複利で資本は伸びていきます。それが企業の規模の成長へとつながり、キャピタルゲインの源泉となっていきます。

　一方で、給与は毎年のベースアップが1～2％程度ですから資本の成長には追いつきません。

　実際、労働者にはかなり厳しい事実があります。厚生労働省の統計である毎月勤労労働調査によれば、日本人の給与は1996年から2015年までの20年で年率平均0.6％下落したのです。その間、日本の上場企業のROE平均はずっとプラスでした。日本人の賃金は減り、上場企業の資本は増えたのです。

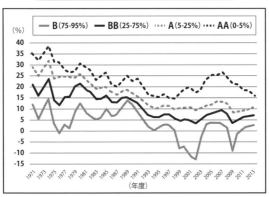

5）拡大再生産のパターンについて

企業規模を成長させるためには、利益をキャッシュのままにしないで再投資をしていく必要がある、という話をしました。雇用などを拡大して設備を拡充するなど、利益を内部留保し、そこから再投資をして事業を拡大していく。それにより企業規模が大きくなるのです。それができた企業が前述の信越化学のような成功企業なのです。

投資家は、投資先の事業内容をよく吟味して、その事業がこれから伸びるのか、社員数や事業所の数や資産そのものをスケールアップできるかのか、経営者と一緒に考えていかなければなりません。これは投資家の仕事のひとつでもあります。

事業を行う。利益が出る。その利益をどう配分するのか。**配当として投資家に還元するのか**、あるいは、**拡大再生産を選択するのか**。成長が期待できる事業が存在しているのであれば、利益を事業に投入していくのか。そして、その事業領域で活躍できる社員がいるのかが重要になります。

そもそも、企業が属している市場が成長市場で、かつ、競合が少ないのであればとても幸運です。あるいは、何らかの理由で市場規模は拡大しなくても、市場占有率（シェア）が向上できるならば、それでもよいでしょう。

成熟市場にやみくもに積極的な投資をしても大きな成長は望めません。やはり収益性の高い事業や成長を見込める事業への投資を優先するべきでしょう。投資効率が高く、投資の早期回収が見込まれるものを厳選して企業は投資をしようとするのです。将来は誰にも正確には予想できません。将来の不確実性が事業リスクであり、株式投資のリスクの本質です。

前述の信越化学の場合はうまくいったケースです。だからこそ、1951年から2023年までのおよそ70年で信越化学の時価総額は1億円からおよそ12兆円に飛躍したのです。

　拡大再生産のパターンは、いくつか考えられます。

　ひとつは、成長が期待できる有望な新事業への投資です。収益性の高い有望な新事業への投資を優先して行うことで収益性を底上げすることができます。

　これから普及が始まる商品も利益の成長を促します。例えば、原稿執筆時点（2023年末）、電気自動車や自動運転関連はこれから期待できます。競争力の高い商品であれば、シェアを拡大することもできます。

　あるいは、既存事業の拡大も大きな成長要因となります。「地域面で事業を拡大できる」という点などが代表例です。例えば、関西で創業した会社が西日本で売上を伸ばす。そのうちに東日本に進出する。さらに、アセアンに進出する。そして、インドやアフリカに進出するというイメージです。こうした普及率やシェアの向上、地域の拡大が成長のパターンです。

　商品価格の上昇も利益成長のパターンのひとつです。例えば、半導体の製造装置は30年前では1台数億円だったものが今では1台で数十億円というものがざらです。

　さらに、員数の増加パターンも挙げられます。員数というのは、ひとつの商品にいくつかの部品がある場合、その部品搭載数のことです。例えば、1台の自動車に搭載される半導体やモーターの個数は電動化により確実に増えています。

　アップセルという営業の手法もあります。顧客に対して、既存商品以外の新商品を販売する行為です。保険だけ売っていた金融機関が投信を売り始めたりすることです。

拡大再生産のパターン

収益性の高い事業や成長を見込める事業への投資

①収益性の高い有望事業への投資

　・収益性を底上げできる

②これから普及が始まる商品への投資

　・シェアの上昇や販売地域の拡大を目指す

③商品価格や員数の上昇

　・商品の付加価値の増大

以下に事業が拡大するパターンを、いくつか挙げてみました。

　同じ事業を営んでいても、規模に勝る最大手のほうが戦いを有利に
進めやすくなります。シェアが高い企業では、人員や設備の稼働が高
くなる傾向が見られるからです。稼働率の差が利益の差になります。
そして、利益が大きい企業は、新製品や新商品の開発に余裕をもっ
て、（その利益を）再投資できます。

事業の拡大のパターン	例
普及率の向上	EV車や自動運転車や風力発電
シェアの向上	喫茶店のチェーン店が個人経営に置き換わる
価格の向上	半導体製造装置
員数の向上	5Gスマホにおけるコンデンサ
地域の拡大	日本企業のアジア進出

～第5節～
永続的に成長する企業には「スケールメリット」がある
～ピケティが示した資本の成長率の高さ～

　企業が永続的に成長していくためには、成長の源となる増収が欠かせません。先述したように、利益の再投資が企業を成長させるからです。

　そして、毎年毎年、増収できるようになると、企業は**スケールメリットという大きな特長**を享受できるようになります。そのスケールメリットについて、本節では、解説します。

　スケールメリットとは、売上が拡大できた場合に享受できる「効率性」のことです。

　売上の拡大が重要であることを信越化学工業の例で見てみましょう。1970年当時の信越化学工業の売上は320億円で利益は19億円程度でした。2022年の売上2兆円弱で、利益は6000億円を超えています。50年強で売上は60倍余りになりましたが、利益は300倍以上です。

◆信越化学工業の業績

年	売　上	利　益
1970年	320億円	19億円
2022年	2兆円	6000億円

売上が増えるよりも利益の増え方のほうが大きいのです。これは、一般的なものとして考えてもよい事象でしょうか。

　ある程度の一般化はできると個人的に考えています。とても演繹的な理由によるものです。費用にはスケールが働くからです。規模の経済が大きな要因です。

　簡単な例で説明します。ある人が商売を始めたとします。内職か何かを借家で行うと仮定します。借家は10万円の家賃。ひとりが40万円の売上を稼ぐとします。ひとりに20万円の謝礼を払うとします。売上40万円。費用は人件費20万円に、家賃10万円で、合計30万円。残るのは10万円でこれが利益です。

　借家にはまだスペースが余っており、働く人を3倍にできるとします。需要がまだある状態を仮定します。家賃は10万円のままですが、働く人がひとりから3人になるので、売上は3倍の120万円となります。

　3人で60万円のコストと10万円の家賃で費用は全部で70万円ですから、利益は50万円です。売上は3倍ですが、利益は5倍になりました。

　これが、規模の拡大でビジネスの効率が上がる簡単な説明です。

　このように、稼働率を高めてもあまり増えない費用を固定費といいます。そして、人件費は長期的には上がっていくのが自然ですが、短期的には固定費とされています。

　基本的に、給料はステップアップで（段階的に）しか増えないのです。一方で、仕事の習熟の程度には大きな差が存在します。仕事のやり方がうまくなると、成果は出やすくなります。同じ仕事を何年も経験するうちにベテランになり、生産性が上がっていきます。費用のペースよりも速く生産性が向上する場合があるのです。例えば、スーパーやコンビニなどでのレジ打ちについて考えてみましょう。アルバイトの場合、入ったばかりの新人でも、何年もたつベテランでも、時

給はさほど変わりません。実際は変わるのですが、せいぜい2倍以下の差です。ところが、熟練した店員の作業スピードは新人の数倍といってもよいのです。こうした数倍にまで向上していくもの（この場合は人の生産性の向上）がビジネスの収益性を高めていくのです。

　固定費以外の費用を変動的な費用（変動費）と言います。変動費についても売上が大きくなるにつれて効率的な使い方が可能になります。例えば、大量に仕入れることでボリュームディスカウントなどが利くようになります。ひとつだけを買うよりも大量に同じ物資を買うほうが、物流費や保管費が効率的に使えるからです。売るほうからしても営業のための費用を節約できるので、スケールメリットが利くのです。
　つまり、**企業の業績拡大の背景には、スケールメリットが存在している**のです。逆に、企業経営者は、スケールを享受するように考えて、最初から事業規模拡大のプランを立てているのです。有望分野を見出して、企業はそこにスケールメリットが出るように仕組みを考え、しっかりと計画的に投資をしていくのです。
　一例として、インデックス（日経平均）と個別株の信越化学（信越化学工業）とのリターンの対比を行います。土地バブル時代のピーク1989年末の株価と2023年末の株価の対比です。

株　価	1989 年末	2023 年末	対　比
日経平均	3万8916円	3万3464円	0.86倍
信越化学	340円	5917円	17.40倍

~第6節~
クオリティ・グロース投資とは

長期投資では、投資対象が永続的に成長していく企業であることが好ましいと考えます。企業が絶えず成長し続けることで売上や利益が増大し、それが反映されて株価も上がり、さらに配当も増えていく。そして、増えた配当を再投資して保有株数を増やしていく。**キャピタルゲイン（株価の値上がり益）とインカムゲイン（配当）の両方を狙っていける点が、長期投資の醍醐味**です。

ここで、「そんな都合の良い銘柄（企業）があるのか」と感じた方もいることでしょう。結論から言うと、そういう企業は、数は少ないかもしれませんが存在します。
　この**「長期にわたって業績成長が続き、しかもその確度が高い」**と想定される銘柄を、本書では、**「クオリティ・グロース銘柄」**と呼ぶことにします。また、そのような銘柄への投資を「クオリティ・グロース投資」と呼ぶことにします。
　「グロース」(growth)とは、業績（売上や利益、配当）が長期にわたって成長する見通しがある株式のことを言います。
　また、**「クオリティ」(quality)とは、そうなる確率が高いこと（リスクが低いこと）**を指します。

次章以降で解説しているように、クオリティ・グロース投資では、

「利益の成長期間」と「その期間における平均的な年率成長率」との積が大きいことが銘柄選定の決め手になります。

　さらに、成長シナリオの実現可能性（確度）が高いこともキーポイントになります。

　本書は、いわば、**クオリティ・グロース投資の入門書**と言っても過言ではありません。将来利益の着実な増大が見込めるため、クオリティ・グロース投資においては、長期の株式保有が有効、かつ大前提になります。

~第7節~
なぜ、長期での成長株投資なのか

巷（ちまた）では、株式投資は長期で行えば成功するという長期投資神話があるように思えますが、これは危険な考えです。

例えば、衰退市場に属している企業に投資をすれば、年々、売上が減少し、利益は下がり、結果として株価は値下がりし、配当は減らされてしまうでしょう。

あるいは、競争に負けてしまうような弱い企業に長期で投資をしても仕方ありません。国家や政府から好ましくないと判断されるような業界も避けなければなりません。事業が法律一本で規制されてしまうからです。そのような問題の多い企業に長期投資をしても報われることはないでしょう。

昨今では、手数料の安さが評価されて、インデックス投資が隆盛を極めています。

しかし、**インデックスには衰退企業や平凡な投資対象も含まれます。**手数料の安さは魅力ですが、収益性の低い企業も含まれてしまう分、複利効果が限定的となります。

その点、**永続的な成長が期待できるクオリティ・グロース投資であれば、確度の高い大きな複利効果が得られます。**

クオリティ・グロース投資は長期の成長の分だけ、高い複利効果が

60

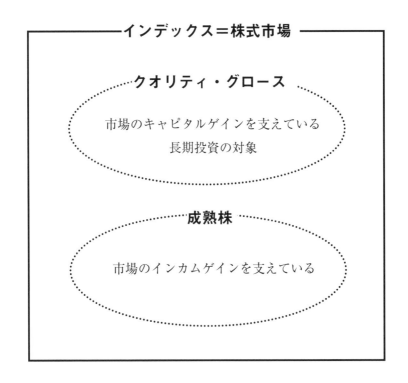

インデックス＝株式市場

クオリティ・グロース

市場のキャピタルゲインを支えている
長期投資の対象

成熟株

市場のインカムゲインを支えている

得られます。日経平均は1989年の土地バブルのピークをまだ超えていないのに対して、クオリティ・グロース銘柄であるキーエンスは1989年当時の50倍の株価になっていることを見れば、企業の成長がリターンに与える影響の大きさがわかると思います。

　株は上がったり下がったりします。下がったときに売り、上がったときに買っても儲かりません。短期投資では相場の方向性を当てなければなりません。

　一方、長期では株価は上がったり下がったりしながらも、平均すれば、しっかりと上昇する性質があると思われます。上がったり下がったりしつつも上がるものであるならば、持ち続けるほうが容易です。

先述したように、インデックス投資は、曲がりなりにも、大型株中心です。その大型株の中には世界を相手に戦う強い企業も一部含まれている一方で、衰弱企業も含まれています。どんなに長期であっても、衰弱企業へ投資をしては株価が下がってしまうでしょう。むろん、成長がない企業も同様にインデックスには含まれています。

　それに対して、**永続的に成長する個別企業の株価は、インデックスを長期では数倍も数十倍も上回る**ことがあります。

　問題は、**そのような企業を選別できるのかどうか**なのです。仮に、企業を正しく選別すれば、長期的に大きな投資成果が得られるでしょう。

　増収していく企業は、待てば待つほど、利益率を徐々に改善していくスケールメリットと呼ばれる特徴を持ちます。そういう性質を利用できるのが、成長企業への長期投資なのです。

　第2章では、インデックス投資を大きく凌駕できるクオリティ・グロース株の選別の手法（勝利の方程式、後述）についてお話しいたします。

　本章では、最初に、配当がゼロにはならないインデックスの特徴を
お話ししました。2％の平均的な複利であっても、35年で2倍になる
という数字を示しました。

　次に、仮に配当が横ばいであっても、毎年の配当の再投資をしっか
り継続すれば保有株数は増えるのでよい、という永続的企業の話をし
ました。そこでは、平均的には配当成長がゼロであっても、投資家側
の再投資によって複利で資産は増えていくことを確認しました。

　3番目に、配当というのは横ばいであるよりも、企業側の事業への
利益の再投資によって、（事業の拡大再生産ができる良質なマネジメ
ントを選べば）配当自体が増えていく傾向があることについてイン
デックス（日経平均）と優良大企業（個別株）の具体的な配当で示し
てみました。

　データの取得期間にもよりますが、インデックスでは6～7％程度
の年率平均で成長を見せてきたことを23ページのグラフでお伝えしま
した。

　さらに、個別企業ではそれ以上のリターンがあることも信越化学の
例で示しました。この高いペースが可能なのは、「売上の増収ペース
よりも、利益の増益ペースのほうが高いことによるのではないか」と

いう仮説に基づき、家賃や人件費の固定費と生産性の向上の例から、演繹的仮説で示しました。

投資の段階	投資の対象	キャピタルゲイン
インデックス	数百以上で大企業中心	5〜7%程度
拡大再生産ができない個別企業	高配当利回りの個別企業	期待できない
長期で成長できる個別企業	グローバル企業がメイン	7%を超える

インデックスは1989年末の土地バブルのピークを超えられていないとはいえ、1970年代や1980年代から見れば大きく値上がりしています。

一方で、永続的な成長を遂げてきた銘柄群は土地バブル時のピークを軽く凌駕しています。

さらに、「成長しない企業」と「成長する企業」との格差の要因はスケールメリットにあることを指摘しました。

企業はスケールメリットを使って「売上の増収率（売上の伸び）を超える増益率（利益の伸び）を達成できる」と個人的に考えています。2桁の配当成長のために2桁の利益成長は必要ありません。財務に余裕があれば、配当性向は高まるからです。

そして、2桁の増益のために、2桁の増収もまた必要ありません。増収率が維持できれば、固定費の稼働率（効率）が高まるからです。結果、わずかな増収を継続することで相対的に大きな配当成長を長期で達成できるというのが長期投資の最大の魅力になっているのです。

ここまでの話をまとめると、以下のようになります。

（まとめ）
◎株式投資で最も重要なことは配当が永続的に成長すること

◎永続的に成長していく企業の株価はやがて爆発的に上昇する。
　なぜなら、高いROEで適切に利益を再投資する仕組みがあるから

　これまで、投資家は株式の流通市場において受取配当を再投資できること、企業側は内部留保した利益を事業へと再投資できることを示してきました。それぞれがインカムゲインとキャピタルゲインにつながり、合わせたものがトータルのリターンとなったのでした。売上が長期で増大していくことで、利益はそれ以上に成長し、それが株価の上昇につながっていくのでした。

　企業側は利益（配当支払いを除く）を内部留保して、有望な事業へと再投資しなければなりません。ただし、どの企業も事業を拡大することができるわけではありません。良い市場を見出すこと、あるいは既存の市場を活性化すること、画期的な商品を作り、市場シェアを高めていくことで成長は確保できるのでした。

　それを支えるのが良い人材群です。優秀な社員やチームが長期で固定されていることが良い商品を生み出す素地になります。そして、それを可能にするのが、良い経営です。良い経営であれば、競合に対してしっかりと差をつける経営を行えます。経済危機や不景気をしっかり「利用」し、優秀な人材を不況期に多く採用しようとしたりします。

【章末コラム】
日本企業の株価のアップサイドの大きさ

1）大前提：経営の改善余地が大きい日本企業

　日本の上場企業には資産効率の面で改善の余地はかなり大きい、とわたしは考えています。

　2019年にかんき出版から拙著『99％勝てる株が見つかる本』を出版しました。その中から、過去の日本上場企業の全体の自己資本比率と、保有現金の推移、配当利回り平均値の推移を抜粋します（次ページ参照）。

　特にROEの低下要因ともなりかねないのが過剰な自己資本です。日本には、「自己資本比率は高いほどよい」という考えが伝統的にありました。

　銀行は、不景気のときにはお金を貸してくれません。そして、何らかの突発的な大事故などが生じる可能性もゼロではありません。日本企業は"まさか"のために使う予定のない大量のキャッシュを企業内部にため込んでいるのです。

　しかし、その"まさか"が起こる確率は小さいのです。もちろん、"まさか"が起こる確率はゼロではありませんので、キャッシュをしっかりと保有して"まさか"に備えるという、（旧来の）経営の保守的な考えは、全面的には否定されるものではありません。「キャッシュ　イズ　キング」という格言もあります。確かに、不景気には企業買収も有利な条件で安価にできます。

　ただ、不景気はいつ来るかわかりません。そのような不確実で保守

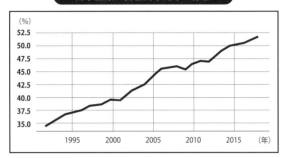

日本企業の自己資本比率の推移

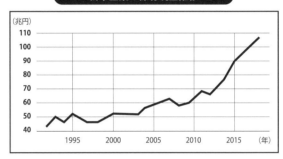

日本企業の保有現金推移

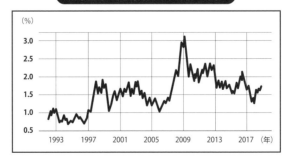

日本企業の配当利回り平均値の推移

かんき出版『99%勝てる株が見つかる本』（2019年出版）37
ページより。グラフは金融データソリューション社のデータをもと
に筆者作成。最下段の利回り推移は継続比較可能な上場企業すべ
ての数値を単純平均したものです。

的な経営は、徐々に時代遅れになっているとわたしは考えるのです。つまり、現金を内部に貯め込み、何もしないことは社会悪ではないか。そう思うのです。今の社会は、貧富の差がとても大きい、いわゆる「格差社会」です。貧困に悩む人が多いです。そして、困っている人が多いということは社会的な損失なのです。活躍の場を、格差に苦しむ人々のために作ることも、社会の公器としての上場企業の役割のひとつです。需要を創出するのも大企業の社会的な役割のひとつだとわたしは思います。

　自らの社員の将来の"まさか"のためにキャッシュを貯め込むよりも、今困っている社会のさまざまな切実なニーズを解決するために新しいことにチャレンジし、利益が生まれたら、その一部をしっかりと社会に還流する。そうすることによって良い循環が生まれます。産業を興し、企業体を大きくすることによって雇用を増やすことができます。雇用の創出も、上場企業の新しい役割になったのではないでしょうか。

　前述の67ページのグラフによれば、上場企業の内部留保は100兆円を超える規模になっていますが、何もしないでただ保有したままでは解決すべき社会的ニーズも未解決のままです。新しい雇用にしても、ひとりも生まれません。トマ・ピケティ（Tomas Pikety）が言うように、「r ＞ g」の条件を意味ある規模で活かすことができるのは、主に大企業だけなのです。優秀な経営者であれば、大量のキャッシュを上手に社会に還流させるだけではなく、新規の事業を軌道に乗せることさえ可能ではないでしょうか。

2）アクティブファンドがエンゲージメントをする意味

　最適な自己資本比率というのは、昔であれば高いほど良かったのかもしれませんが、今の時代の要請から考えると、（事業の性格により

ますが）自己資本比率は50％でも高すぎる場合があると思います。財務の健全性も重要ですが、それでもほどほどの健全性で十分なのです。より重要なことは、財務よりも、社会にある切実な需要を喚起・顕在化することです。長期で物事をデザインし、参画する人々を募り、彼らに希望を持たせることです。

　日本株の現状を見ると、貯め過ぎたキャッシュをしっかりと意義ある事業へと還流させることが、運用業界や投資家の社会的な役割になってきているとわたしは考えています。

　ただ、インデックス投資では、企業の経営者に直接、上記のような働きかけをすることはできません。ですから、個別の企業の経営に対してモノを言えるわたしのようなアクティブファンドマネジャーの社会的な役割はかつてないほど大きくなってきたのです。これからのアクティブ運用には、上場企業の経営に対して、過剰資本を早急に解決するように、粘り強く対話を続けることが求められています。

（補足説明：PERの意味）

　株を購入すれば期間利益が期待できます。年間のリターンを考えるときには、株価と利益との対比がリターンになります。年間の益利回り（PERの逆数）＝１株利益÷株価（EPS÷PER）です。

　そして、この「益利回り」が投資家にとっての年率のトータルなリターンと考えられます。例えば、PERが14倍であればその逆数である1/14はおよそ７％です。投資家にとってのリターンは７％で、その内訳は配当利回りが２％で、キャピタルゲインが５％、合計で７％という感じです。

　もちろん、この数字は、あくまでも株価が利益の14倍で配当利回りが２％という状況が将来の平準的な水準だと仮定すれば、という前提付きの話です。

　ただし、将来の平準的なPERの想定は難しく、来期以降の収益が現

状を維持できるかさえわからない場合も多いのです。例えば、期待に反して収益が半分になってしまえば、同じ株価であればPERは倍の水準になってしまいます。益利回りは利益水準の変化で急低下してしまうこともあります。話をまとめると、以下になります。

株式投資のリターンとしての益利回り（※1）
＝PERの逆数＝EPS（※2）÷株価

※1　益利回り＝インカムゲイン（配当利回り）
　　　　　　　＋キャピタルゲイン（内部留保÷株価）
※2　EPS＝配当＋内部留保

　利益は、最終的に配当と内部留保に分かれます。それぞれ投資家側と企業側で再投資していくと、最終的には投資家の財産の増加をもたらしていきます。

3）検証　日本の時価総額上位企業の過去の実績について

　次に、個々の企業の業績が実際にどのように伸びてきたかを個別企業でおさらいしてみたいと思います。

　2022年3月時点の日本株式の時価総額最上位の5社について、過去の資本の成長をまとめてみました。

　次ページの下段の表は、過去の四季報2002年1集と2022年1集の2つを見比べたものです。

　トヨタやソニーは20年の歳月で自己資本額を3倍程度にしました。キーエンスは10倍です。不良債権処理に苦しんだメガバンクの三菱UFJ

も自己資本を２倍超までに成長させています。株主還元策をしっかりと継続したNTTでは、自己資本が増えないように高水準の自社株買いや高配当などの株主還元をした結果、資本を1.2倍に留めています。

　下表を見るとわかるように、どの企業も概ね５～６％の自己資本の成長率を遂げています。この自己資本の成長率は、配当性向の影響を受けます。配当をしなければ、利益が全額自己資本の成長になりますが、配当をすれば、自己資本の成長はなくなります。

　また、配当以外で自己資本を減らすものとしては、自社株買いも挙げられます。

　このように、自己資本が小さくなるような操作をすると、成熟市場であってもROEを維持できます。NTTのような成熟企業が比較的高いROEを維持しているのは、自社株買いと配当を積極化したためです。ソニーやキーエンスのように自己資本が数倍にはならず、横ばいにとどまっている理由もそこにあります。

　このように経営の戦略は多様で、キーエンスのように企業規模をどんどん大きくしてもよいですし、NTTのようにあえて企業規模を大きくしないで利益還元に積極的でもよいのです。

2022年3月　時価総額上位５社　過去の自己資本成長率					
(mil. JPY) 四季報より					
自己資本	2002年1集	2022年1集	倍率	BPS年率 平均成長	現状の 配当利回り
ソニー	2,370,140	7,074,006	3.0	5.6 %	0.6 %
トヨタ	7,500,157	24,610,424	3.3	6.1 %	2.6 %
キーエンス	193,027	2,033,018	10.5	12.5 %	0.4 %
NTT	6,508,845	8,016,092	1.2	1.0 %	3.4 %
三菱UFJ FG	7,726,546	17,799,889	2.3	4.3 %	4.2 %
時価総額 上位５社 平均				5.9 %	2.2 %

ここで紹介したNTTは、成熟に見えていても、企業努力である程度のROEを維持している企業です。2021年11月には約２億7800万株を消却。全体の１割弱の株数を消却しました。

　2017年３月期の配当総額は2431億円でしたが、毎年増配をして、2023年３月期の配当総額4116億円です。自己株消却も合わせると、株主への還元姿勢が鮮明です。利益の主体はNTTドコモです。国内事業中心では人口減が待ち受けているため、成熟色が強い事業ではあります。ただ、自己資本比率を35％と低位に保つことでROEは２桁を維持しています。

　ROEとは、投資家にとって非常に大事な指標で、EPS（一株利益）をBPS（一株純資産）で割ったものでした。このROEが配当成長率の「大本」です。「BPSの成長率＝配当成長率＝ROE×（１－配当性向）」でした。配当性向とは、１株配当をEPSで割ったものでした。配当の成長はROEが高く、配当性向が低いときに最大化されます。

　NTTのROEは14％弱で、配当性向は３割ぐらいですので、10％近い配当の成長率が期待できます。もちろん、今後、NTTがこの水準のROEが維持できればという前提です。

　このROEを維持するためには資本効率を高めることが必要になります。ROEは分子がEPS（一株純益）で、分母がBPS（一株当たり純資産）ですから、BPSが増えないように自社株買いをして消却をすればROEの向上に寄与します。NTTは月額課金の安定した事業が主体ですから、このような還元姿勢を維持することができるのでしょう。株価も長期で堅調に推移しています。トップラインがさほど伸びなくても２桁の配当成長が可能な事例です。ビジネスモデルを盤石なものとするのが一流の経営です。プロの経営とは余分な資本を持たない経

営でもあるのです。

4）まとめ

　下の表を見ていただくとわかるように、時価総額上位の企業のリターンはインデックスを大きく凌駕しています。

　代表的インデックスの日経平均はいまだバブル期の高値を抜けていません。一方で、ソニーやトヨタ、キーエンスなどに代表される個別株は、バブル期の高値の数倍から数十倍になっています。

株価	1989年末	2023年末
日経平均	38915円	33464円
ソニー	3935円	13410円
トヨタ	420円	2591円
キーエンス	1203円	62120円
NTT	144円	172円

> インデックスは割に合わない！

結局は、投資の成否は個別の企業の永続的な成長の度合いに拠るところが大きいのです。

　インデックスを大きく凌駕する個別株をどのように見つけていくのか。それが、第2章以降のテーマです。

Quality

クオリティ・グロースとは

Growth

～第1節～
クオリティ・グロースの要件
～商品に対する需要と供給について～

　第1章では、インデックス投資の有効性とインデックス投資のリターンを大きく凌駕した銘柄群の特徴についてお話をしました。

　第1章第7節で軽く触れたように、長期にわたって業績成長（売上や利益、配当など）が継続する確度が高い株式を「クオリティ・グロース銘柄」、また、そのような銘柄への投資を「クオリティ・グロース投資」と呼びます。

　インデックスを上回る大きなリターンを得るためには、クオリティ・グロース銘柄をしっかり選定することが重要です。

　逆に、クオリティ・グロース銘柄のみを厳選したポートフォリオが組めれば、インデックスのリターンを大きく上回る成果を得ることができるでしょう。

　第2章の前半では、クオリティ・グロース銘柄の特徴を「需要」と「供給」と「代替可能性」の面から解説します。そして、クオリティ・グロースを可能にする経営とは何かについても掘り下げていきます。

　第2章の後半では、クオリティ・グロース銘柄の具体的な選び方について、わたし自身の経験則も交えて、お話をしていきます。

1）既存事業の深化と新規事業の創出

　業績（売上や利益、配当など）を長期にわたって確度高く成長させていくためには、主に以下の2つの方法があります。これらがクオリティ・グロース投資先に求められます。

①既存の事業をより強くすること、つまりシェア（市場の占有率）を　（値下げをしないで）高めること。適正な価格での買収も含む
②有望な新市場を創出し育てていくこと

　何度もお話ししているように、クオリティ・グロース投資とは、業績（売上や利益、配当など）が長期にわたり成長していく見通しがあることに加えて、その確度が高い銘柄に投資することを意味します。（値下げ戦略を採らないで）業績が確度高く成長を続けていくためには、上記の「①既存の事業をより強くする」こと、つまり、"市場におけるシェアを高める経営が行われている"という点が重要です。
　また、上記の「②有望な新市場を創出し育てていく」ことで、新市場の高い成長力を背景にして、業績の長期の成長を確かなものにすることができます。

　企業の業績の成長を考える場合、そのベースとなる「既存市場自体の成長力」もやはり必要ですが、その実現が難しそうな場合は、成熟市場の中で、小さな競合を継続的に買収してシェアを段階的に高めていく戦略が有効な場合もあります。
　ただし、成熟市場には"成熟せざるを得なかった理由"が歴然と存在しています。社会の需要が減退していく中でシェアを上げたとしても、それは川の流れに逆らって泳ぐようなものです。長期の業績の想定も買収の継続を前提にしなければ描けません。**クオリティ・グロー**

ス投資の王道は、やはり、市場自体の成長性が大前提になるのです。

　企業経営にはシェア向上のためのたゆまぬ努力が求められます。競合他社よりもコストおよびパフォーマンスに優れた新商品を常に開発し続ける気概と能力が投資先に存在すること、あるいは、既存事業とのシナジーがある買収戦略を並行させることが欠かせません。

　なぜなら、大きな市場には新規参入やシェアアップを狙う競合他社が必ず存在するからです。

　競合他社を退け、シェアの継続的な上昇を図るためには、競合よりも良い商品を出し続けることが必要です。確度の高い成長を企業に求めるとき、差別化された商品を開発・拡販できることが重要です。

　ただし、開発だけできても、世界中に販売拠点がなければ地球人口を対象にした拡販はできません。また、商品が容易に模倣可能であれば、優位性を維持できず、価格勝負になってしまいます。あるいは、市況に左右される商品では、将来の市況そのものが予想できないため、確度を持って長期投資をすることは叶いません。

　さらには、もう一歩進んで「有望な市場を自ら創出していく気概と努力と能力も必要である」とわたしは考えます。

　もっとも好ましいパターンは新市場の創出です。新市場を自ら開拓すれば高いシェアが獲得できるからです。そのためには、社会の切実なニーズを顕在化しなければなりません。もちろん、その難易度は非常に高くなりますが、仮に新市場を創出できれば、その市場を当面の間、独占することができます。

　このように、潜在需要を絶えず抑え、新技術を持つ尖ったベンチャー群と定期的に交流し、必要なら提携することで、社会の変化を先取りし、新市場の創設に参加する気概と努力と能力があること。これが、クオリティ・グロースの投資先に必要な要素になります。

「グロース銘柄（成長銘柄）」とは、業績が将来にわたって拡大していく投資先を意味します。市場そのものが衰退してしまっては業績を伸ばすことは困難になります。市場全体が伸びること、そして、その市場で勝てることがともに重要です。

　そして、市場が伸びるためには、その市場に対する社会の需要が大きくなるとの見通しがあることも大切です。

　「クオリティ銘柄」とは、企業の将来に対する確度が高いこと、リスクが小さい投資先を意味します。クオリティ銘柄では優秀な人材の集結や商品の差別化、グローバル規模の販路の有無が戦略の大きな部分を占めます。

2）クオリティ・グロース銘柄のグロース（成長）要件　〜需要について〜

　投資家は、業績の分析の前に、人類の観察、そして、社会の情勢やマクロ経済の観察から「時代の風」を感じる「ホットスポット」を探さなければなりません。時代に必要とされている、あるいは、時代の後押しがあるなど、人類の理想そのものが分析のスタート地点となります。そこから人類にとっての潜在的な需要を可視化していくわけです。"潜在的な需要"を可視化できなければ、新しい市場を創出することはできません。

　潜在的な需要は、既存市場においても存在します。例えば、顧客が満たされていない部分などはその代表例です。そうした潜在的なリスクやニーズを解決しようとする気概が、ライバルよりも良い商品を世に出すきっかけになります。

　ここで、わたしたちも潜在需要について、少し、考えていくことにしましょう。潜在需要は目には見えないので誰にも正しく計量化はできないものです。ですから、大まかな推量をしていくことになります。

需要とは、あるサービスや商品に対する社会のニーズのことです。例えば、カーボンゼロを目指すためには、石化燃料を燃やしてはいけません。しかし現状は電力需要の多くを石油燃料に依存しています。そのため、石油燃料を自然エネルギー由来の発電に置き換えたいという人類共通のニーズがあります。これが再生エネルギーに対する社会の潜在的な需要です。

　需要の大元には、人間の欲求がありますが、欲求があっても、人々に購買力（支払い能力）がなければ、その需要は顕在化しません。購買力とは、その人の年収であったり、財産であったりします。ともかく各自の経済価値に比例するものです。

　需要のベースとなる世界の人口は増加しています（第1章42ページ参照）。また、人々が便利な場所に集まる都市化と呼ばれる現象も生じています。都市化はグローバル規模で生じています。都市化によって多くの人がひとつの区域に集まることで、多くの新しい職業や社会的な需要が生まれます。「新しい需要が新しいサービスを生む」という循環が人口増加によって可能になっているのです。1カ所にすべての必要な商材を集めるような大規模なモールが誕生し、オフィスワーカーが増えることで道路や鉄道が拡充されていき、列車や自動車へのニーズが高まります。人口が増えることで食料品店や衣料店や医者や弁護士のニーズが生じてきます。人々が集まることで分業が可能になり、分業をすることで、それぞれの分野で高度な専門性が生じます。

　需要は、目に見えない潜在的なものと、購買の対象となる顕在化されたものとに区別できます。
　例えば、電気が普及する以前の社会には、電化製品という市場は存在しませんでした。「ロボットが掃除をしてくれたらよいのに……」

という潜在的な需要は大昔からありました。その潜在需要が顕在化された需要に昇華するには多くの年月が必要でした。

電気の普及前には、家電製品は潜在的な需要に過ぎませんでした。人々に購買力があったとしても、商品化に一定の技術力や知識の集積が求められる場合、需要は潜在的なもので終わってしまいます。

逆に、購買力がなければ潜在需要があっても、その需要は顕在化しません。例えば、全国の陸橋の中には耐用年数をすでに超えて老朽化しているものが多数あります。ところが、地方自治体の財政難で古い橋を建て直す予算がありません。古い橋は放置され、危険なものとなり、通行止めとなり、その地域は不便なものになり、過疎化がいっそう進むことになります。過疎化が進めばさらに財政難になり、いっそう過疎化が進みます。

技術の進化も需要を顕在化させていきます。モーターは年々効率の良いものへと改良が施されます。出力が同じで小型化できれば「持ち運び」が可能になります。ソニーの往年の世界的大ヒット商品である「ウォークマン」は、「持ち運び」の実現によって潜在需要を顕在化させました。

ほかでは、計算をコンピュータができるようになったことで、真空管が計算尺に取って代わり、さらに半導体が真空管に置き換わってきました。こうした技術革新は多くの潜在需要を顕在化させてきたのです。

社会の潜在的な需要は顕在化した具体的な商品として社会に登場します。半導体の集積が複雑な計算を瞬時に可能にした結果、人工知能を作り上げました。ロボットや人工知能が仕事を効率的に行うようになれば、その分、人間に加えて人工知能も仕事をするようになり、人間と人工知能との仕事の総和は増加します。こうして市場は時代とと

もに多様化しつつ、全体としては拡大していきます。

　例えば、薬の世界では人の体を細胞レベルで解析しています。タンパク質の作用が解明されるようになり、新しいタンパク質が次々と生まれています。タンパク質の発見が新しい薬を創出します。タンパク質を三次元画像で「観察したい」と思っても、それができるようになったのはつい最近のことです。これまで見ることができなかったものが見えるようになれば、また新しい市場が生まれます。光学顕微鏡が登場することによって、それまで人間の目では観察ができなかった微生物や細菌が見えるようになり、新薬という新市場が生まれます。

　また、昨今は、光学顕微鏡では見ることができないウイルスを電子顕微鏡で立体的に観察できる時代になりました。透過型の電子顕微鏡の分野では、これまでは見ることができなかった生きたタンパク質を凍らせて観察するという手法が生まれました。解析技術が進み、新しい核酸医薬という市場が誕生したのです。電子顕微鏡自体は古い技術ですが、生体を観察するという潜在ニーズを顕在化させることができたのです。

　このように、未知のものが発見されると新しい市場が誕生します。例えば、ある企業が、これまで不可能と思われてきた精度で物質を測ることができたとすれば、それが差別化となります。この企業しか測れないのであれば、商品は言い値です。収益性も極めて高いものになります。同様に、純度を究極まで高めることで差別化できる材料も多数あります。例えば、シリコンは地球上では極めてありふれた物質ですが、その純度を究極まで高めることで信越化学は差別化された半導体ウェハー事業を拡大していくことができたのです。

```
需要の顕在化＝新商品の登場
```

将来、重力場の利用が一般に可能になれば、重力場を用いた重力場製品への需要が顕在化していくのです。

> 需要の顕在化の予言＝新商品の開発
> 潜在需要⇒新技術＋新発見＋購買力
> ⇒需要の顕在化努力＝新商品の開発→新商品の登場

　新しく顕在化された需要が企業の業績を拡大していきます。

　顕在化されるかもしれない需要を前もって知ることは可能です。
　企業のR&D（Research & Development：研究開発費用）の内容を詳しく見ることは、投資家にとって新商品の開発の内容を知ることにつながります。特許公報などの知財を読めば、誰が誰とチームを組み、このチームはどのように大きくなっているのかまで把握できます。特許の内容から、そのチームが狙っている潜在需要も特定できます。時代はいつでも、「この人にしかできない」という特別な存在を重宝してきました。超一流と呼ばれる人々には、普通の人にはできないことができます。現代社会では、学術機関の研究者と企業の研究者は盛んに交流するようになっています。この人にしかできない研究をしている人は、潜在需要を顕在化できる社会的触媒になれるかもしれません。**潜在ニーズを顕在化させるための方法論として「特許を読むこと」は有効な投資戦略のひとつ**です。

　現代では、専門分野が細分化しているため、ひとつの社会的課題を単独企業だけで行うことが難しくなっています。大きな社会的課題に対して、企業は横の連携を強くし、企業連合で取り組むようになって

いるのです。それぞれがもっとも得意な役割を選び取り、全体として課題に取り組むほうが単独で全部を成すよりもスピードで勝ります。

　好例は、半導体の業界です。微細化と呼ばれる新しいプロセスを達成するためには、露光装置ではこの企業、検査装置ではこの企業、レジストではこの企業といった具合に、トップシェア企業たちが連合して新プロセスの開発を担当しているのです。

　最も得意な分野にそれぞれが特化するということで、特定の分野に優れた企業がシェアを占有していく現象が長期で観察できます。

3) クオリティ・グロース銘柄のクオリティ要件　～供給について～

　クオリティ・グロースの「グロース要件」は社会の需要でした。一方で、確度の評価軸であるクオリティの要件には、需要ではなく、供給サイドが大きく関わります。

　潜在的な需要は目に見えないので、特許を読むなど、大変な分析が必要になりますが、供給の分析は比較的に容易です。供給は企業の売上や資産として財務諸表に表記されるため、時間さえかければ誰でも分析できるものです。供給能力は売上と利益から常識的に推し量ることができます（この常識さえ持てないアナリストも散見されますが……）。

　企業業績については、IR資料が充実しているため、それを分析することで投資家は供給の状況を逐次、確認することができます。投資家の仕事は供給状況を深く、そして、幅広く分析することだと言っても過言ではありません。

　供給には能力の限度（キャパシティの上限）があります。職人が手工芸で作っていた時代では、職人の習熟度に加えて職人そのものの人数が供給の上限を決めてきました。機械化され省人化された現場では

設備の生産能力が供給を制限しています。

　クオリティ・グロース投資におけるクオリティ要件とは、**対象となる市場に競争がないことを確認すること**です。もっとも好ましい企業は、独占企業です。独占企業から分析を始めるというのが筋の良い投資家です。

　次に、好ましいのは、競合が少ない寡占企業です。寡占市場においては、シェアトップ企業から分析を始めるというのが投資の筋です。供給者の数が少なければ少ないほど、将来の需要を獲得できる確率が高くなります。クオリティ要件である「高い確度」を満たすことができます。高い確度を持って成長を想定できるようになります。

　これで供給がクオリティに効き、需要はグロースに効くことがわかりました。
　両者を合わせたクオリティ・グロース要件とは、一言で表せば、「大きな需要と小さな供給」です。

４）大きな需要があるのに供給がわずかなとき、業績を想定しやすい

　大きな需要があるのに、供給がわずかなとき、対象となる商品の価格は非常に高いものになります。投資家はこのような特別な状況の中で、クオリティ・グロース銘柄を探し求めているのです。

　企業の売上は商品の売れた数と価格との掛け算ですから、価格が高ければ高いほうが経済的な価値は高いわけです。供給が少なく需要が大きければ、供給者はその価格を上げることができます。
　例えば、フェラーリという高級車は１台数千万円という価格で売られています。世界の人口が80億人とすれば、フェラーリが欲しいと思

うお金持ちも、世界中で数千万人はいるでしょう。

　一方で、フェラーリを提供できる車の台数が年間１万台しかなければ、作れば作るだけ売れる（すぐに売り切れる）という状況になります。

　このフェラーリの例のように、大きな需要があるのに、それを満たせる企業の供給がわずかしかないとき、投資家はその企業の将来の業績を想定しやすくなります。不確実性（リスク）が小さいため、その企業に投資家は高い価値を払います。

　作ったら作っただけ売れるという状況は、供給を増やしても、その分も売れるということですから、企業の将来の生産計画や経営計画がそのまま収益の予想に直結します。業績の想定の不確実性が小さく、業績の拡大が確実視できるというわけです。

　他の例に移ります。これから普及が見込まれるものについてです。
　例えば、電気自動車です。電気自動車はカーボンを排出しません。溜める電気が年々クリーンになりつつあるため、今後も電気自動車の需要は高まると想定されます。

　さて、世界に9000万台の自動車市場があるとして、現状は、その１〜２割が電気自動車であると仮定しましょう。ここで、電気自動車に関連する企業には２つのチャンスがあります。

　ひとつ目は、9000万台という自動車市場そのもののパイが大きくなる可能性があることです。車の需要を支えるのは人々の移動手段に対する欲求です。世界人口は100億人に向けてまだ増え続けますから、世界中で都市化や高速道路建設や道路整備が進むでしょう。自動運転の時代になれば、遠くない将来には、ひとり１台という時代になっていくのではないでしょうか。

　チャンスの２つ目は市場に対する電気自動車の普及率の上昇です。

電気自動車の普及率が現在は１〜２割だとしても、将来は、普及率が上昇していきます。これから需要が拡大するような“有望な市場”を見つけることが、投資家の仕事なのです。

　市場全体の成長率が４％であっても、電気自動車の普及率が毎年上がっていけば、電気自動車の成長率は４％を超えたものになります。さらに10年で電気自動車の普及率が２割から４割へと倍になれば、７％（＝LN（2）／10＝0.069　※LN関数については第３章で後述）の成長が加算されます。

　ここで、自動車の市場成長と電気自動車の普及率という２つの要素を勘案してみましょう。

　電気自動車特有の部材である主モーターや、電池の成長率と内燃機関特有の部材であるエンジンなど、内燃機関特有の部品の成長率をそれぞれ見てみましょう。

　世界の自動車市場の成長性が＋４％として、内燃機関は現状の８割から６割にシェアを低下させるとしましょう。毎年２％の減少〔LN（7／8.5）／10〕ですから、内燃機関の市場成長率は４から２を引いたものになり、２％程度となるでしょう。

　一方で、電気自動車専用の部材の市場成長率は４＋７＝11％と高いものになります。

　内燃機関特有の部材は２％の低成長。電気特有の部材は11％の高成長。10年後のそれぞれの需要は、どのようになるでしょうか。

◎内燃機関関連の10年後の需要は1.22（倍）
　　※EXP（0.02*10）＝EXP（0.2）＝1.22　※EXP関数については後述
◎電気自動車関連の10年後の需要は2.72（倍）
　　※EXP（0.11*10）＝EXP（1.11）＝2.72

20年後はどうなるでしょうか。これは読者にお任せいたします。

ここで問題です。銘柄はどのように選べばよいでしょうか。

シェアに注目してほしいのです。電気自動車メーカーを選ぶときは、シェアの高いものから調べていくべきでしょう。電気自動車の市場シェアの高いもの、例えばテスラやBYDは有力な調査対象でしょう。

もうひとつ、違う視点もあります。電気自動車を支えるインフラや新産業や電気自動車の部材に着目することです。

電池そのものではなく、電池部材に着目してもよいでしょう。あるいは、モーターではなく、その部材に着目してもよいでしょう。あるいは、パワー半導体や電子部品に着目してもよいでしょう。どの場合でも、まずは市場におけるシェアを重視してください。シェアの高いものからリサーチをするのが好ましいです。

5）代替リスクについて

クオリティ要件として、代替のリスクが小さいものを選ぶようにしましょう。電気が普及する前に電気冷凍庫の市場はありませんでした。昔、氷産業は北方の湖から氷を採取する大きな仕事でした。ところが、冷凍庫が商品化されたことで、氷を湖から運ぶ需要は代替されてしまったのです。

投資家は代替されるものではなく、代替していくものを選ぶべきです。人間はいつの時代も代替される対象でした。伝票の整理などは、昔はそろばんで人がしていましたが、今では、経理システムが代替しています。工場においても、昔は手工業が中心でしたが、今では全自動の工場も珍しくありません。

シェアがトップであっても、いろいろな条件がさらに必要になります。代替部材に強力なライバルがある場合は、シェアが高くても不確実な情勢を生みます。革のシートでシェアが高くても、樹脂のシートと競合していてはだめです。

　あるいは、ボディの材料ではアルミが軽くて良かったとしても、安いハイテンション鋼と競合していては代替の脅威があります。

　もう少し、例を挙げます。有機ELで高いシェアであっても、液晶と競合していては不確実な情勢と言えるでしょう。

　メモリであってもハードディスクと競合するような使われ方を半導体メモリがされていれば、それは厳しい情勢となるでしょう。

　伸びる市場の関連部材の中で、もっとも代替可能性の低いものの中から高いシェアのものを探す。これが基本です。

　基本といえば、**需要は大きいのに供給は限られる**という特別な状況を探すこともそうでしたね。そのことについて、電気自動車の例で考えてみましょう。

　電気自動車はデジタルのプログラミングコードから、それを格納する半導体、電力で駆動するモーターや電力を供給する電池など、多くの部材や部品でできています。このうち、供給される部品の中で投資家として予測がしやすいものは、代替されることがないのにシェアが圧倒的に高い商材です。シェアが高いということは、競争が比較的少ないということで、競争が少ない市場ではその分、収益を高めることができます。市場でのシェアが高ければ利益率や収益率も高くなる傾向があります。

　また、競争を排除する要因が存在することもあります。他が容易に模倣できない何かが参入障壁となっていることもあります。例えば、知財の力を使って参入障壁を築いている場合もあります。また、製造

プロセスをブラックボックス化することによって収益性を担保している場合もあります。

　ここで、クオリティ・グロース銘柄の一例を挙げます。グローバルの車向けの市場において、受動部品と呼ばれる積層セラミックコンデンサの最大手は村田製作所です。彼らのシェアは車載向けで5割あると言われています。ですから、電気自動車が増加する恩恵を村田製作所は受けることが確実なわけです。

　もともと潜在的にこのような膨大な需要があり、それが徐々に顕在化していく新市場が数多く存在しています。その顕在化した新需要が将来、ますます大きくなると想定できる商品市場が多数あります。

　しかし、その商品を提供できる企業は限られるという特殊なケースを投資家であれば探したいのです。シェアが高ければ、市場の成長を企業の売上成長と考えることができるため、業績の予測確度が高まります。「大きな潜在的な将来需要があるのにもかかわらず、供給が意図的に制御されて、競争があまりない」という状況が存在すれば、投資家はこれを長期の保有対象にできるわけです。

　大きな需要に対して、供給が絞られる場合、価格を高く設定できます。そして、どれほど作ってもしっかりと販売できます。

　企業はそのようなとき、利益を確保し、その利益を再投資して、新たな供給能力を作っていくものです。増産しても売れる。さらに増産しても売れる。このような好循環が長期にわたって観察できる市場も少なくありません。

　目には見えませんが、人の思いにも潜在需要は存在します。例えば、人として大切に扱われたい。そう思うのは万国共通の個人としての思いでしょう。

仕事で言えば、単調な作業や労務から解放されたいという潜在的な
ニーズは大きいと思われます。それが顕在化されつつあります。例
えば、ロボットや人工知能（AI）によってです。最先端の半導体を
大量に使い、膨大な量の情報をデータセンターに格納できる企業は
GAFAなど一握りのグローバル企業です。グローバル企業が安価にロ
ボットやAIを供給しています。昔のスーパーコンピュータの性能を
スマホが抜き去る時代に我々は生きています。単純労働からの解放と
いう需要を顕在化できるのは世界でもっとも優秀なAIであり、その
AIを全世界に提供できるのは、グローバルトップ企業に限られるで
しょう。以下、本節の「まとめ」です

【グロース要件のまとめ】
◎潜在需要を顕在化していく力量
◎顕在化した需要が長期で大きくなること

【クオリティ要件のまとめ】
◎シェアが高いものを選ぶこと
◎代替されないものを選ぶこと

～第2節～
クオリティ・グロース銘柄が存在する
ブルーオーシャン市場について

1) ブルーオーシャン市場とは

　クオリティ・グロース銘柄とは、いわば「高い確度で長期にわたって業績（売上や利益、配当など）が拡大する」という想定が可能な企業である、とわたしは考えます。

　長期の業績拡大が想定できるかどうかには、需要の拡大、それに伴う市場の拡大が前提として必要です（グロース要件）。

　また、競争が少なければ少ないほど、想定は簡単になります。シェアを独占している企業であれば、市場の成長と業績の成長はほぼ同じものと見なすことができるでしょう（クオリティ要件）。

　さらに長期では、代替可能性のないものを選ぶことが肝心です（クオリティ要件）。

　一方で、商品の価格が不安定なもの、例えば、ある年には2倍にも3倍にもなるのに、次の年には半値にも3分の1にもなるような商品を扱う企業の業績は、価格を確度高く想定することができません。よって、市況関連はクオリティ・グロース投資の範疇に入れることができません。

　需要が拡大し、ライバルも少なく、代替可能でなく、商品価格が安

定している企業であれば、業績の長期の拡大を見通せることになります。それは、需要が大きく、供給が小さい（競争が少ない）企業です。そして、そういう企業は「ブルーオーシャン」と呼ばれる市場に多く存在しています。

　ブルーオーシャンに属する企業は、一定の確度を保ちつつ、長期の業績の想定が可能になる場合が多いのです。ブルーオーシャン市場全体が拡大すれば、当該企業の業績も同様に拡大していくと想定することができるでしょう。

　本節では、この"ブルーオーシャン市場に属する銘柄の特徴"について、紹介していきます。

２）ブルーオーシャン市場に属するクオリティ・グロース銘柄の特性

　「需要の大きさ」と「供給の小ささ（競争の少なさ）」がブルーオーシャン市場の条件でした。ブルーオーシャン市場では、需要自体の水準は大きく、さらに、その需要が時間とともに増えていく傾向があります。

　一方で供給は限定的です。このような状況では企業は商品価格を高く設定できます。

　このようなブルーオーシャン市場に属するクオリティ・グロース銘柄の特性は以下の通りです。

特徴１：過去の企業業績が増収傾向（増収率と増収期間の積が大きい）

　ブルーオーシャン市場における企業の売上についてお話しします。

　潜在需要が大きく、供給者が少ない。供給されただけ、需要が顕在化していくとすれば、作れば作るほど売れるという現象が見られるはずです。

　このような情勢は予見の不確実性を小さくし、低いリスクで、高い

リターンが得られる公算が大きくなります。作れば売れるのですから、過剰な在庫も持たないはずです。また、利益が激減するということもないはずです。

　ブルーオーシャン市場の中では、企業の業績はどうなるでしょうか。おそらく時系列で売上がしっかり伸びているはずです。過去のどの期間で見ても増収率が相対的に高いはずです。あるいは、増収期間が長いはずです。

　ブルーオーシャン市場の増収期間は、市場が伸びている間は継続します。企業価値は増収期間と増収率との掛け算に比例するため、ブルーオーシャン市場に属する企業の価値は高いと考えられます。

　「増収率の高さ」と「増収期間の長さ」との積が最重要ポイントです。この積の大きさがブルーオーシャン市場に属する企業の業績の特長となります。

特徴２：経営者や社員が優秀で組織力が高いこと

　逆に、なぜ、ある企業がブルーオーシャン市場にそもそも属することができたのかという問いかけも重要です。それを単なる偶然の結果と見なさないでほしいのです。

　意識的に企業が努力してブルーオーシャン市場を作ってきたと考えてください。トップシェアを誇るような企業は、ライバルより商品性で勝っているはずです。商品性で勝るためには、ライバルよりも工夫し、努力しているはずです。つまり、「ライバルよりも工夫でき、努力でき、結果を残せる人材が豊かなのだ」と推察してほしいのです。

　ブルーオーシャンを作り出し、そこでトップシェアを可能にしてしまうチームがあるとすれば、そのような強いチームはどのような特徴を持つでしょうか。チームとは人の集まりです。ひとりひとりの実力

◆クオリティグロース銘柄の特徴

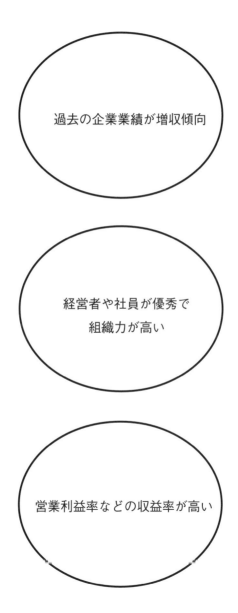

過去の企業業績が増収傾向

経営者や社員が優秀で
組織力が高い

営業利益率などの収益率が高い

があること、そして、協力してワンチームで市場に対応できていることなどが想起されます。

　社員ひとりひとりがより良い商品の拡販やトップシェアの長期維持という目標を共有するためには、「社員の意識の基準が高いこと」が第一の条件として挙げられます。

　また、社員の資質も重要です。そのためには社員の処遇も大事です。資質高い人材が集うためには、それなりの処遇（年収）を与えることです。

　そして、仕事に裁量を与えることも重要なのです。社員の裁量とは予算や時間管理の裁量です。個人にそれなりの処遇と大きな自由裁量がなければ優秀な人材は集まりません。命令されたことしかできない人材では、世界では戦えないのです。

　そのためには、組織は必然的に少数精鋭となります。少数でなければ各自の裁量が大きくなりません。少数でなければスピードは出ません。強い組織は自然とフラットな組織になります。そうなると、他社よりもスピードで勝ります。全社員に予算配分の裁量があり、労働時間の自由があり、少数精鋭を堅持できれば、それが企業の文化となっていきます。少数精鋭ですから、企業はやみくもに人員を拡張できません。優れたチームワークは、ひとりひとりを特別扱いするような"現場重視の少数精鋭のチーム"に特有のものです。優れたチームを多数輩出し続ける文化があることが優良企業の条件といってもよいでしょう。優れたチームが長期で固定化できなければ競合には勝てないのです。

　経営者の中には、成長を急ぐあまり、過剰に人員を採用しがちになる方がいます。過剰採用は社員の意識の基準が低くなるという意味で、危険な行為です。目先の成果だけを求める経営では、人が劣化す

るリスクを負うことになります。社員の意識の基準が下がれば、企業文化は崩壊してしまいます。

　クオリティ・グロース投資では、企業理念や経営者の志の高さはもちろん、そこに集う社員の優秀さや組織としての力量や気概も重要な必要案件になります。この点については、この章の後半で改めて詳しく解説します。

特徴３：営業利益率などの収益率が高いこと

　競争が少ない市場では、企業は価格を高く設定できます。売上に対して少ない費用で業績を作ることができます。営業利益率などの「収益性指標」が高くなる傾向があります。高い利益率は経営者のプライドの結果であり、また社員のプライドの結果でもあります。基準高く生きる人々には、結果も大切にする傾向があります。社員の基準が低いと、会社全体の業績に無関心になります。

　つまり、**需要が大きく、供給が小さい。さらに代替の可能性もない。シェアが高い状況が長期化する。基準高い社員が存在する。そうなれば、利益率は自然と高くなります。**

　逆に、利益率が高い企業には、上記の要素が存在しているはずです。ですから、営業利益率の高さと、それが継続的に高くて、かつ改善傾向にあることを見るだけで、投資先がクオリティ・グロースなのかどうかがわかってしまうことがあります。

　需要が大きい、供給が少ない、代替可能性がないという条件のうち、供給と代替可能性については、営業利益率の高さと継続性で大まかに判断ができます。

3）クオリティ・グロース銘柄の再定義

　本書では、長期での業績成長がほぼ確実に期待できる投資先（企業）を「クオリティ・グロース」と呼びましたが、以下のように再定義をしてみたいと思います。

①長期にわたって市場の拡大が見込まれること
②そこに属する企業の営業利益率が継続的に２桁以上あること
③それを可能にする意識の高い組織があること

　次に、クオリティ・グロース銘柄には天が味方することも述べます。クオリティ・グロース銘柄には時代の風が吹きます。増収と高利益率の両立により、固定費も変動費も効率化するという時代のギフトが得られるのです。

4）クオリティ・グロース銘柄の業績想定における２つの時代のギフト

　わたしたちのような機関投資家は、企業を取材し、調査したうえで、企業業績を想定していきます。クオリティ・グロース企業の場合、業績の想定については、今後10年ぐらいを見通すようにしています。逆に、10年も見通せない企業はクオリティ・グロースとはなりません。

　大きな需要と小さな供給というブルーオーシャンと呼べる市場において、将来にわたって商品価格を維持、または上昇させながら数量も増加できる企業（＝クオリティ・グロース銘柄）には、以下の2つの時代のギフトが贈られます。

　ひとつ目は固定費が効率化できる「スケールメリット」と言われる

時代のギフトです。固定費とは、主に人件費や有形無形資産の償却費のことです。

2つ目は「技術の筋の良さ」というギフトです。技術トレンドを利用することで変動費率を改善させることができます。変動費というのは材料費や水道光熱費や運送費のような費用のことです。企業は、これら2つのギフトによって、固定費率と変動費率の両方を向上させることができます。長期で利益率を大幅に高めることができるのです。

①時代のギフト　その1：スケールメリットについて

増収企業であれば、固定費が効率化することは明らかです。その理由は、売上高と固定費を比べたとして、例えば固定費が3割としたときに、大まかに2倍の売上になれば、固定費は2倍とはならず、例えば1.5倍程度で留まるからです。その場合、売上高固定費率は当初の30%から10年後には23%まで低下します。なぜならば、売上は1が2になり、固定費は0.3倍から0.45倍になるためです。利益率は他の条件が同じであれば10年で7％改善する見通しとなります。つまり、年間で0.7％程度の改善が見込まれると想定します。

固定費の将来の前提についても、固定費の時系列データから推定することができます。費用のデータと売上のデータは同じように推定できます。売上と費用との関係も長期的な視点で分析していけば、スケールメリットの存在がはっきりと確認できるはずです。売上の成長に加えて、利益率の改善が見込める長期投資がクオリティ・グロース投資の醍醐味です。

この天からの贈り物を「スケールメリット」と呼ぶのです。

コラム　長期の業績の想定の基本パターン

　わずかな増収であっても、それが続けば、費用に固定費的性格があるため、利益率に好影響を与えます。増収企業の長期の業績の想定ペースの基本形は概ね年率0.4％程度の利益率の改善です。わたしの経験上、この形がもっとも多いパターンでした。つまり、「10年後には営業利益率は年0.4％の10年分で４％程度は改善するだろうな」と見なすのです。現状の利益率が10％の場合、４％の改善で利益率は14％に上昇するとします。そうなると、売上が２倍になり、利益率が1.4倍になるわけですから、利益額は２の1.4倍（２×1.4）で2.8倍になると想定するのです。もちろん、固定費の割合が高ければその利益率改善ペースはもっと高くなります。

　本書では、費用を固定費と変動費に分けましたが、完全な固定費や完全な変動費というものはありません。ほとんどの費用はその中間の性格を持ちます。Ｒ＆Ｄは経営者や開発者としてはどうしても増やしたい費用ですが、その性格は人件費であり、固定費に分類されます。しかし、経営判断から売上連動にしているため、実際には、Ｒ＆Ｄは変動費的性格を持ちます。

　このように、固定費も長期で見れば売上に連動していくことが多いのですが、売上の増加ペースよりも人の増加ペースは遅いケースが圧倒的なので、上記のような長期業績においては、増収企業であれば、利益率の自然な改善を想定しても

よいとわたしは考えています。

　以上は、経験則からの感覚に近いものでしかありません。
費用の効率化の論理については後述します。

②時代のギフト　その２：良い技術トレンドという天からの贈り物

　時代のギフトはスケールメリットだけではありません。時代のギフトの２つ目は「良い技術の筋」という変動費率の改善でした。これは物理的・経済的な現象の帰結でもあります。

　化学反応を分析の手段とするクロマトグラフィーという分析装置が古くから存在しています。化学反応のスピードが勝負であれば、商品の開発者は反応スピードを速くすることを念頭に置くでしょう。クロマトグラフィーはカラムという細いチューブの中で反応を起こさせるものです。細ければ細いほど管内の圧力は高まります。そして化学反応は高圧のほうが速くなります。

　したがって、管を細くしていけば、管の材料量も少なくて済み、変動費は減り、商品の性能は上がるというパターンが生じてきます。管内の体積を低下させることが高い圧力を生み、管の表面積を減らすことが材料費を減らすことにつながるわけです。管の費用は体積よりも表面積に比例します。一方で化学反応の速さは管の体積に反比例します。小経化すればするほど反応スピードは速まり、分析量は増加します。

　商品の付加価値と費用との関係を表面積と体積との関係に置きなおすという態度は、わたしが投資先を選別するときによく使う常套手段

101

です。

　例えば、村田製作所のコンデンサの場合は、絶縁膜を薄くすればそれだけ静電容量が増えるという関係があります。絶縁層の体積を減らすことで静電容量という付加価値が増えます。変動費は絶縁層の体積に比例します。変動費を下げると付加価値、すなわち、商品価格が上がるわけですから技術の筋が良い、といえるのです。これを小型化パターンと呼びます。

　材料を少なくし、性能を向上させることができれば、変動費率も低下します。つまり、限界利益率（1から変動費率を引いたもの）が上昇します。変動費率とは変動費と売上の比率です。

　その逆の大型化パターンもあります。付加価値が体積に比例して上昇するのに、費用は表面積に比例して大きくなるというケースです。こちらも同様に「技術の筋が良い」と形容できます。

　身近な例では、カップ麺が挙げられます。カップ麺の容器を大きくすれば、変動費である包装資材も増えますが、容積ほどは増えません。表面積の増え方のほうが容積の増え方よりゆるいからです。カップ麺の価格は容積に比例しますから、包装資材の費用率が2割程度と見積もれば、この2割の費用の上昇率は売上の上昇率よりも低くなり、結果、利益率は改善するのです。

　小型化パターンと大型化パターンという良い技術の筋の例を、次ページにまとめました。

　このように、良い技術の筋を味方につければ、変動費率を改善していくことができます。
　もちろん、クオリティ・グロース銘柄ではなくても、どの企業で

時代のギフト その2 　良い技術トレンドという天からの贈り物

パターン	事　例	背景にある事情
小型化パターン **体積が費用で表面積が付加価値である場合**	半導体、積層セラミックコンデンサ、触媒、クロマトラフィーなどの管の表面で化学反応を起こすもの。培地、分析機器全般、ナノテクノロジー全般。	機能が分子レベルで生じるため、働いている分子は表面にしか存在していない。体積の内側に存在している分子たちは働いていない。センサーやスイッチなども半導体で実現できるが、単なるオンオフの伝達が仕事なので、小さくしても支障がない。
大型化パターン **体積に価値があり、表面積が費用であるもの**	ビルディング、コンサートホール、自動車、電車などの移動体、カップ麺、冷蔵庫、食洗器など	都市化の恩恵を受けるのが駅やビルなどの容積が重要なもの。壁や床や天井は費用だが表面積に比例する。また、自動車や冷蔵庫などの入れ物も容量が付加価値になるが費用は表面積に比例している。

も、良い技術の筋を活用することは可能です。ただし、市場にライバルが多数いれば、誰もが良い技術のトレンドを活用するので、結局は、競争によって価格が下がってしまうのです。やはり、**シェアが高く、競争が少ないことは、商品の価格の安定のために必要な要素**なのです。いくら良い技術を有していても、その技術を競争の厳しい市場へ適用することは推奨されません。

　また、膨大な需要がある分野であれば、どの企業も活躍できるかといえば、残念ながら、そうではありません。すでに成長分野には企業間の熾烈な競争が待ち構えているわけです。熾烈な環境においては、いくら実力があっても、十二分に採算を得ることは難しいのです。競争が熾烈であれば、利益は確保できません。

　繰り返しになりますが、わたしは**市場占有率、いわゆるシェアを重視**しています。シェアが高ければ高いほど競争はゆるやかになります。好ましくは、**十分に高いトップシェアの企業が２番手企業にダブルスコアをつけているような場合**です。トップシェア企業が７割のシェアを握っていれば、２番手以降をダブルスコアで引き離している状況に自ずとなります。数量で２倍の差があればスケールメリット（規模の経済）が利いてキャッシュフローに差が出ます。

　また、シェアの高い企業の売上を想定することはアナリストにとって相対的にやさしいのです。資本コスト（投資家が投資対象に求めるリスクを補うための費用。第３章で詳述）は不確実なものに対して高くなります。シェアが高く安定している企業の資本コストは、そうではない企業よりも、（他の条件が同じであれば）低くなります。

　知財の力を借りて、厳しい競争を避けることも可能です。物質特許がとれる製薬業界はその代表です。電気自動車の業界は群雄割拠ですが、そのキーデバイスである電池やモーター、パワー半導体の領域に

おいてはシェアが高い企業も存在しています。どの電気自動車のメーカーがシェアを伸ばしても、シェアの高いキーデバイスメーカーは高い確率で恩恵を受けることができます。一例を挙げるならば、積層セラミックコンデンサのトップシェアの村田製作所であれば、おそらく、どの電気自動車が覇権を握っても業績を伸ばすことが可能です。シェアが高く、どのメーカーにも採用されているからです。

　潜在需要を捉えて、どこにもない新しい商品を開発すれば、まだ、誰もやっていないのですからシェアを独占できます。潜在需要を開拓する新製品開発重視の経営はクオリティ・グロース銘柄の特徴のひとつでしょう。R&Dを相応に支出している企業が該当します。

　例えば、半導体の製造プロセスは、微細化と呼ばれる非常に高度な領域になりますが、新しい工程や材料が次々と生まれています。半導体の配線材料の純度も向上しています。シリコンウェハーの純度は99.9999999%を達成していますが、この純度をさらに1桁を上げるには10年近い経営努力が必要になります。最も高い純度を出せる企業は顕在化需要を独占できます。そのため、1桁純度が違えば、販売価格が10倍に跳ね上がることもあるのです。

　他の誰にもできないことができる企業のシェアは高く、利益率も高く、業績の想定もしやすいので、資本コストも下がる傾向にあります。逆に、投資家の期待する収益から下振れしてしまう不確実性（期待する収益に届かない恐れ）が大きいと、資本コストが高くなります。PERの逆数は益利回りですが（後述）、益利回りを期待収益として、その益利回りが大きく変化してしまうような変動の大きな事業の場合、不確実性が増すので、資本コストが高くなるのです。
　良い経営とは、将来の期待収益の下振れを防ぐことができる経営を

指します。社会の変化や競合条件の変化に対応してライバルの一歩先を行く経営を投資家は高く評価します。

　ここまで紹介してきたようなクオリティ・グロース銘柄は、まったくの幸運の産物である場合もありますが、多くはしっかり経営された、規律や基準が高い組織の産物であると見なします。
　新市場を創出するためには、まず、社会の切実なニーズを豊かな感受性を持って把握したうえで、ライバルよりも早く、そして、優れた商品を出し続けなければならないからです。「企業は人」と言います。優れた商品を世に出すには、優れた人材が必要になります。

5）優れた人材と良い経営の見分け方

　高度人材という言葉があります。ある特定の分野において秀でた能力を有する人々のことです。ひとつのことに長時間、没頭できる人々です。自由にやりたいだけ好きなことができる裁量がなければなりません。メジャーリーガーの大谷翔平選手や将棋の藤井聡太８冠が高度人材のイメージです。彼らは四六時中、上達することを目指しています。努力を惜しみません。趣味と仕事が同一化しています。

　ビジネスにおいても、勝負は「高度人材をいかに長期にわたって固定化できるか」にかかっています。
　優れた人材は、高い理念や高い理想を掲げる組織を志向するでしょう。
　会社というものが、愛と尊厳に満ちた空間であることが望ましいのです。

　平凡な人々にとって、仕事は労務でしかありません。しかし、高度

人材と呼ばれる人々にとって、仕事は上達のための自己実現のツールなのです。土日もなく、没頭できる上達のための対象がいつもあるのです。画期的な商品を世に出し続けるためには、社会の潜在的な需要が見えるだけの豊かな感受性と、競合を寄せ付けない高度な専門性、さらに勝つためにチームプレーに徹する規律の高さが社員に求められます。企業ではR&Dと呼ばれる部門にこのような夢追い人が多数集結しているのです。

　高度人材は人を大切にする企業に集います。外国人や女性を差別したり、派遣社員を活用してコストを抑えたりするような企業には高度人材は定着しません。処遇が悪い企業にも人は定着しません。個人のきめ細かい要望に親身になって応えてくれる組織でなければならないのです。
　一方で、高度人材には高い倫理観と規律が求められます。高度人材はプロフェッショナル意識を持ち、各々が紳士淑女であるべきです。実際、彼らはそういう方々です。常時、高い基準で生きる姿勢が彼らを高度人材にしているのです。

　高度人材が長期にわたって固定化され、一致団結して良い商品を世に継続的に問うことができる仕組みが大事なのではないでしょうか。その意味で、クオリティ・グロース投資家にとっての良い経営とは**「人を大事にする経営である」**とわたしは考えます。社会の切実なニーズを放っておけない人々の集団が存在し、その切実なニーズを商品として具現化していく。そのようなことが可能になるのは、その集団が高い理想や理念を有しているからではないでしょうか。普通であれば放っておく事案を放っておけない人がいる。普通であれば気づかないことに気づき、苦労を厭わないでやり抜く人がいる。そのような人々とはどのような人々でしょうか。きっと、「当事者意識を持ち、

基準高く生きる人々ではないか」などとわたしは考えるのです。

　第1章では、永続的に成長する配当があれば、長期的な配当の再投資で大きな財産を築くことが可能であると述べました。

　第2章ではここまで、確度を持って長期的な業績拡大ができる投資先について述べてきました。具体的には、ブルーオーシャン市場で疑いの余地なく業績を拡大していけるクオリティ・グロース銘柄について解説してきました。

　そして、このクオリティ・グロース銘柄は、上記のような「良い経営」によってもたらされるのではないかとわたしは考えています。

　そこで、次節からは「クオリティ・グロースを可能にする人を大切にする良い経営とは何か」について、改めて考えてみたいと思います。

~第3節~
理想社会と潜在需要と、
基準高き経営の組み合わせ

　投資で重要なことは「長期で物事をデザインすること」です。経済が良いときだけではなく、悪いときにどう振る舞うかが企業経営ではとても重要です。

　そこで、本節では、**「良い経営とは何か」**について、私見をまずは述べたいと思います。

1）企業理念が素晴らしく、事業の社会的意義が高い

　企業の業績を予測するときの出発点は、地球環境や人類社会そのものの分析から始まります。大げさな言い方に感じるかもしれませんが、社会があってこそ、社会の需要があってこそ、企業は成り立ちます。ですから、そもそも潜在的な社会の需要とは何かをしっかりと考える必要が投資家にはあるのです。わたしたち社会の構成員のひとりひとりが「"あればよいな"と思うもの」や「必要なもの」を考えるわけです。わたしたちアナリストは、こうした目には見えない潜在需要を推定しなければなりません。

　住居や食品などの生きるために必要な基礎消費は予測がしやすい需要です。
　ただし、潜在的な需要の中には、市場で売り買いされてはいないも

109

のもあるのです。

　人類の強い願望も潜在的な需要のひとつです。平和な世の中という
ものは、戦争になってみなければその価値の重要性はわかりません。
「東京の夜空に天の川があったらいいな」というのも人々の願望のひ
とつです。「東京湾で海水浴ができたらいいのに」というのもそうで
す。核兵器がなくなればよいのに……。砂漠がオアシスになればよい
のに……。熱帯雨林がこれ以上減らなければよいのに……。北極海の
氷がこれ以上溶けなければよいのに……。どれも、同じく、人の願望
です。

　地球環境や生命には、金銭を超えた価値があります。わたしはこれ
をプライスレスな価値と呼んでいます。プライスレスな価値をあえて
経済価値（商品）に作り替えようと努力すること、それが企業の役割
のひとつでもあるのです。

　投資家は、企業を社会的存在と見なしています。企業とは、「社会
的な意義ある崇高なことを成そう」と努力している集団であると、そ
う見なすのが投資家の歴史観であり、世界観なのです。企業理念が素
晴らしく、プライスレスな価値を目指している企業であれば、社会の
潜在的需要を捉え、それを商品化することができるかもしれません。

　例えば、超低消費電力の家電は、カーボンゼロを目指す社会の需要
を捉えることができるでしょう。電力を作るときに火力をなるべく使
わず再生エネルギーを作るノウハウに対しても、社会の大きなニーズ
があるでしょう。人の健康や美容に寄与する商品には大きな価値があ
るでしょう。きれいな水や空気を提供し、体に良い食べ物を提供する
ことにも大きな需要があります。

　企業の提供する商品、あるいはサービスがどのように社会に貢献し
て、人々の切実な要請を満たしているのかを考えることは、長期投資家
の基本線であり、企業の将来業績を予測するための第一歩になります。

２）理想を追い求め、ブルーオーシャンを絶えず創出する経営

　ある人が「砂漠をオアシスに変えれば、皆が喜ぶだろう」と考えたとします。実際には途方もなく、困難な試みであることに気づくでしょう。それでも、諦めずに頑張っていれば、時代が変わり、技術が進歩し、こうした潜在需要が顕在化するタイミングがいつかは来るものです。

　理想高く生きる人は少なく、多くの人々は日々の生活に追われています。理想を求める人が集う組織はさらに少ないでしょう。夢か戯言_{たわごと}かと世間から馬鹿にされながらも、一途に理想を求める集団はわずかしかありません。だからこそ、理想が現実になるとき、このような理想追求型の人々に先行者利益がもたらされるのでしょう。理想を追い求めることが、ブルーオーシャンを創出し、シェアを独占できる条件のひとつにもなるのです。

３）良い経営は理想を掲げ、少数の優秀な人材を長期で育成・維持

　経営者が企業の存在意義を社員に提示し、高い理念や理想を掲げ、社員を鼓舞し続けることが強い企業の特徴のひとつです。経営者が率先して手本を示し、経営者が現場改善の努力をしなければ、現場は自由闊達な雰囲気になりません。自由闊達な現場にするためには、現場の社員に裁量や権限がなければなりません。過度な管理主義ではスピードが犠牲になります。

　また、優秀な人は管理を嫌うものです。管理体質の企業には優秀な人は寄り付かなくなります。

　現場に裁量があることは、社員の育成のためにも重要なのです。重要な判断を任せることができるように新人を長期で育成することは日本企業の得意技です。優秀な先輩がいれば、後輩をしっかり育てるこ

とも可能です。

　また、強い企業には、離職率も低い傾向があります。優秀な人材が離職しないで社会的課題に長期で向き合い続けることが肝心なのです。

　日本企業はグローバル比較で給与が安いと言われていますが、これはとても残念なことです。日本のひとり当たりGDPも、先進国で下位のほうになってしまった現状は嘆くべきことです。日本企業が手塩にかけて育てた優秀な人材の多くが待遇の良い外資系グローバル企業に転職してしまうのです。

　かつて日本の半導体は世界一でした。また、太陽電池も液晶もLEDも日本がトップランナーでした。日本がトップを維持できなかったのは、人が流出してしまったからです。高度な人材が多数、外国企業に流出してしまったのです。

　どうやってブルーオーシャンを作るのか。どうしたら相手よりも良い商品を作り出せるのだろうか。こうした難しい課題を楽しめるのが高度人材と呼ばれる人々です。高度人材が生き生きと働ける職場には裁量があり、現場に決定権があります。経営にスピードがなければ、今は企業間の戦いに勝てません。高度人材を長期にわたって固定できる企業に商機が生まれます。

4）良い経営のもとには、当事者意識の高い社員がいる

　売上や利益を社員数で除したひとり当たりの売上や、ひとり当たり利益という指標があります。人は多くのことを処理すると、おのずと生産性が高まります。少数精鋭を貫く組織では、それぞれの社員が生産性の高い仕事をします。そのような職場の社員には、当事者意識が生まれます。社員に当事者意識があれば、現場が機能します。また、

組織に階層や階級が少なければ少ないほど、フラットな人間関係になります。

フラットな組織の代表がキーエンスです。会議もありますが、社長が上座ということはなく、遅刻したら社長も下座で参加します。上座を差し出すような忖度は顧客にとっては一文の価値もありません。

フラットな組織で、昇給のペースが速い企業は経営スピードも速いものです。現場が即断即決できるうえに、うまくいかない場合の経営戦略の転換も素早いのです。つまり、ひとりひとりが一端の経営者のように振る舞っているのです。社員ひとりひとりの当事者意識が高ければ高いほど良く、「会社という公器を使って自己実現ができる」という思いを社員が持つと、彼らは自己肯定感の強い人間になります。

企業は人をそのように教育すべきでしょう。社員は会社に大事にされていると感じれば組織へのロイヤリティも醸成できるでしょう。

社員の当事者意識が高い企業は、資本効率も高く、投資家から見た資本コストは下がります。間違った経営戦略に延々と大量の予算をつぎ込む「不感症」のような経営にはならないでしょう。物事はリアルタイムで刻々と変化しているのです。ライバルとの力関係や市場動向も刻一刻と変化しています。そういう変化にスピーディーに対応できる組織でなければ投資対象にはできません。

ライバル企業をコストパフォーマンスで凌駕できる商品を出し続ける過程で社員は成長できるのです。社員の給料が上がるのは、良い商品を出し、顧客に喜ばれるときなのです。当事者意識を持ち、勝つことの喜びを知っている社員が多数いる企業は良い投資先になり得るのです。

～第4節～
良い経営を行っているかどうかの
チェックポイント

　良い経営をしているかどうかを知るためには、そうではない経営との対比をしてみるのがよいでしょう。

　しっかりと経営された企業でなければ、投資家は安心して投資できません。経営統治（ガバナンス）がしっかりしている企業であれば、不祥事の心配もないでしょう。社員が安心して働ける環境も期待できます。理想のもとに集結した優秀なチームメンバーが長期で固定される、基準高く働ける職場であることが肝心です。

　一般論ですが、不景気のときほど、優秀な人材は雇用しやすく、設備も安く仕入れることができるのではないか、と個人的に考えています。逆に、好景気のときは、人も設備も需要がひっ迫して高い値段で取引される場合が多いという感想を持っています。

　以上を踏まえて、「良い経営を行っているかどうか」のチェック項目を紹介します。今回は簡易的なやり方を紹介します。

1）チェックポイント1：不況時に社員数増加＆設備投資

　景気が悪いときには、優秀な人材であっても就職には苦労するでしょう。

　しかし、雇う側から見れば、不景気こそ、良い人材の買いのチャン

スとなります。不景気時に、優秀な人材を獲得できる経営（企業）を選ぶこと、これが投資の基本です。

　人員だけではありません。不景気のときには、設備や機械やITシステムでさえ安くなる傾向があるとわたしは感じています。深刻な不景気に直面したときに、人材投資や研究開発費や設備投資を継続できる経営を選ぶことが大切な投資先の選定のポイントです。

　事実、景気が悪いときに投資を大きく減らしてしまう企業が多いのが実情です。だからこそ、不景気においても必要な研究開発を継続し、新しい人材を獲得し、M＆Aや投資をしっかりと継続できる経営であれば、業界におけるシェアを当然のように高めていくことができるのです。

　実際に、リーマンショック時にリストラした企業と、あえて優秀な人材を集めた企業との間には、業績の格差が生じている例もあります。特に、企業が人員整理をしてしまうと、優秀な人材が辞めていく傾向があるように思えます。なぜなら、人員整理をした結果、価値の高い優秀な人材が労働市場に放出されたときには、（その人材が欲しい）競合他社から声がかかりやすくなるからです。このように、リストラをすれば、自社を弱くし、ライバルを強くしてしまうリスクを負うのです。

　このようなことを考慮して、長期投資をするのであれば、不景気時にこそ積極的に新規雇用や開発、M＆A、設備投資を進めている企業を選びます。

　例えば、経済危機前後での社員の増減と設備投資の額をチェックします。こうすることで、経営者の不景気に対する考え方がわかったりします。より具体的には、リーマンショックの前後で社員数を比べたり、設備投資の額を比べたりすることで、およその経営の特性や考え方が理解できることもあります。

特に設備産業の場合、競争力の決め手になる人材や設備投資の規模を急激に減らすと、後に景気が回復しても供給能力の不足から急増する需要にキャッチアップすることが難しくなり、シェアを落としてしまいます。

　それでは、社員増減の例として、村田製作所と太陽誘電を、2008年と2010年のリーマンショック前後で比べてみます。

　村田製作所は比較的人員を維持したのに対し、太陽誘電は大きく人員を減らしています。2008年の好況時点の太陽誘電の連結社員数は２万117人でした。不景気を経て太陽誘電の連結社員数は１万7210人へ、たったの２年で14.5％も減少しています。

　一方、景気拡大終了の2008年での村田製作所の社員数は連結で３万4067人でした。リーマンショックの赤字を経て、村田製作所の連結社員数は３万3823人になりました。経済危機前後で人員数はあまり変わりません。村田製作所は、不景気でもリーマンショック後の連結社員数の削減はわずかで、人員をほぼ維持しています。規模で劣る太陽誘電が不景気時に人員を１割以上もカットしたため、「トップに追いつくことはより困難になるのではないか」と個人的に思いました。

◆村田製作所と太陽誘電の雇用状況比較

	2008年	2010年
村田製作所	34,067人	33,823人
太陽誘電	20,117人	17,210人

次に、設備投資という観点で違う例を見てみましょう。半導体シリコンウェハーのトップ企業である信越化学工業と2番手企業であるSUMCOを比較してみます。

　SUMCOの2008年当時の設備投資額は1652億円。リーマンショック直前の好景気拡大の局面でした。リーマンショック後の2010年のSUMCOの設備投資は299億円でした。ショックの前と後で、設備投資額が5分の1になるという、極端な縮小傾向を見せました。
　一方、トップ企業である信越化学の2008年の設備投資額は2684億円です。リーマンショック後の2010年の設備投資額は1237億円。およそ半分に減りましたが、2番手のSUMCOほど極端に投資を絞っていません。
　このように2番手企業が不景気時にブレーキを踏むと、トップ企業のシェアが逆に上がります。シェアの上昇によってスケールメリットが生じて、増収を超える増益を達成できる期待も生じます。
　なお、信越化学は半導体シリコンウェハー事業以外にも塩ビ事業など、さまざまな事業を行っているので、本来であれば、シリコンウェハー事業の設備投資だけを取り出して比較すべきですが、ここでは簡易的に全社ベースの投資を有価証券報告書で確認してみました。

◆信越化学工業とSUMCOの設備投資額の比較

	2008年	2010年
信越化学工業	2684 億円	1237 億円
SUMCO	1652 億円	299 億円

ここからは、わたしの個人的な見解です。不景気や好景気にかかわらず、トップ企業は比較的しっかりと人材を確保しつつ設備投資も維持する傾向があります。２番手以降は好不況の影響を受けやすく、雇用維持や設備投資を諦めてしまう傾向があると感じています。シェアが下位のプレイヤーたちは、不景気になると赤字に転落してしまうことも多く、財務的な余裕に乏しいと感じます。

　トップ・プレイヤーが不景気においても人員・投資を下位ほどには削減しない理由としては、トップ企業は相対的に下位よりも損益分岐点を上回る売上を維持できていることや、財務的にも相対的に下位よりもキャッシュ創出力があるからではないかと思うのです。特に圧倒的なシェアトップであれば、なおさら上記の傾向は強いと思います。これも個人的見解ですが、トップシェアの企業が２番手以下の企業に対しダブルスコアを記録している場合には、トップの地位は安定的だと言えるかもしれません。したがって、**個人的にはトップ企業と２番手以下のシェアがダブルスコアであるとより良い**と考えています。**圧倒的なシェアを持てばクオリティ・グロース投資の対象になりやすい**と思います。

　このような経営の傾向がすべての要因ではありませんが、結果論として純益の推移を載せておきます。
　次ページ上段のグラフは太陽誘電の純益の推移です。リーマンショック後の超円高の影響もあり、大きな赤字になってしまう年も多く、トータルで見ると過去15年間（2009年３月期〜2021年３月期）の純益の合計は約1600億円でした。
　一方、村田製作所の同期間の純益の合計は2.1兆円でした（次ページ下段のグラフ）。累計利益額では13倍の格差です。リーマンショック前の15年間（1994年３月期〜2008年３月期）の累計の太陽誘電と村田の純益はそれぞれ、およそ1050億円と7440億円でした。純益の格差

太陽誘電の純益の推移 （百万円）

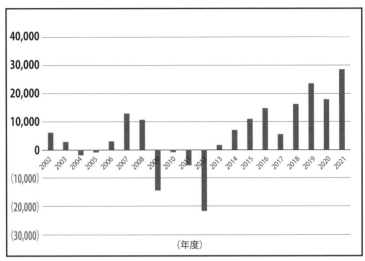

ロイターより。筆者作成。

村田製作所の純益の推移 （百万円）

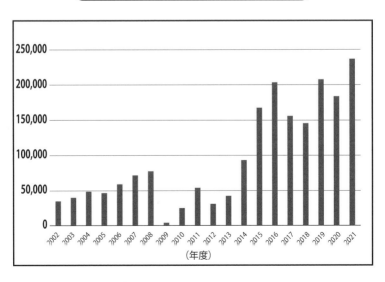

ロイターより。筆者作成。

は7倍から13倍に広がったのです。

　もうひとつ、2番手企業として紹介したSUMCOや太陽誘電について話しておきたいことがあります。両者とも、とても素晴らしいグローバル大企業に変わりはないのですが、過去の業績に関して大きな赤字を計上していることは見逃せません。単年度に大きな赤字がひとつでも存在してしまうと、リターンの計算ではかなりのハンデになります。利益が毎年プラスであれば、投資家への還元に問題は生じませんが、大きな赤字があれば投資家への還元は難しくなります。

2）チェックポイント2：売上高利益率の高い企業

　そもそも論として、良い経営ができる素地とは何でしょうか。つまり、不景気時に人を採用できて、不景気時に設備投資や研究開発費を継続できる経営とは"キャッシュ創出力の高い経営"と言えるかもしれません。

　キャッシュ創出力とは、ビジネスモデルの良さやビジネスの堅牢さからくるものです。サブスクリプションで毎月課金できるビジネスがその代表例です。日々のキャッシュフローが潤沢でキャッシュを不必要に多く保有する必要がありません。過剰な自己資本を持つ必要もありません。事業の収益性の高い企業で、かつ、毎年の売上の変動率が小さい企業は自社株買いや増配などの株主還元に積極的になれるのです。利益率が高いということはそれだけ事業効率が良く、あるいは、他社との差別化ができているわけで、競争が少ないという好条件に恵まれているわけです。

　長期的に参入障壁を築き上げていくのが経営の仕事のひとつです。スケールアップも有効な参入障壁のひとつになります。スケールアッ

不景気時に
人を採用できたり、
設備投資できる企業とは

↓

要素はいろいろあるが
やはり、

キャッシュ創出力の高い企業

↓

具体的には

売上高利益率が高い

※営業利益÷売上高×100（％）

プをすると固定費部分の稼働率が高まるからです。

　また、誰もやらないようなことを最初に行うことはブルーオーシャン（自ら市場を開拓し競合がない状況）を創生する典型的手法です。新規事業では、競争がない領域を注意深く選ぶことが大事なのです。

　ある企業が高い利益率を誇るには、それなりの理由があるわけです。何かよくわからないが、利益率が高い事業には何らかの背景があるものです。その背景を理解し、競合条件を整理分析することも、投資家の重要な仕事でもあるのです。「なぜ利益率が高いのか」を突き詰めていくと、その市場に競争があまりないという事実に行き着くことが多いものです。

　長期投資家にとって把握しておいたことがよい観察事実がひとつあります。それを、これから紹介したいと思います。その事実とは、上場企業においては、高収益の状況が長年にわたり継続する場合が多いというものです。

　次ページの上段のグラフは、日本の上場企業の1992年当時の高収益のグループ142社と、低収益グループ171社を固定し、その後の長期間の利益率の推移をプロットしたものです。2019年の拙著からの引用です。そのとき、営業利益を売上から引いたものを費用と定義しています。売上を費用で除した「売上高費用比率」を縦軸にして時系列にプロットしています。売上高費用比率を営業利益率としても同じ結果になります［注：売上高費用比率と営業利益率は、それらを導き出す式は違いますが、概念はまったく同じものです。統計上では、変化率で必ず計算できる（※マイナスにならない）という理由で「売上費用比率」を用います。本書でも、それに従います］。

　グラフを見るとわかるように、何十年経っても両グループの収益格差は消滅しませんでした。つまり、売上高費用比率は教科書通りに素早く平均へと収れんしなかったのです。1992年を基準にしても、その

◆1992年当時の高収益率グループと低収益率グループのその後の推移

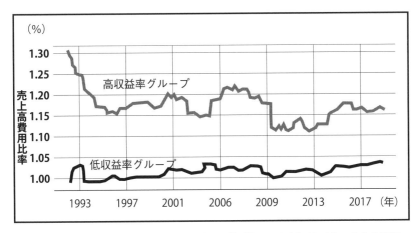

出所：拙著『1％の人が知っている99％勝てる株が見つかる本』2019年、かんき出版

後のすべての年を基準にしても、上記の結果である「とてもゆっくりと回帰する」現象に変わりはありませんでした。高収益な上場企業の売上高費用比率は長期でもなかなか低下しないのです。

　低収益と高収益の企業の違いを考えていきましょう。例えば、10年で考えた場合、高利益率企業では10年とも黒字になる傾向があるのに対し、低利益率企業では10年で2〜3回赤字になる傾向があるとしましょう。高利益率企業は10年分の高い利益を還元できます。

　対して、低収益率企業は利益が思うように期待できないばかりか、8年黒字で2年赤字では、結局のところ10年間で6年分（8年－2年）の利益しか期待できないため、財務に余裕が生まれません。この事業構造や業績の格差は経営者のマインドにも影響を与えるのではないでしょうか。大きな赤字になってしまう企業では、前向きな設備投資や雇用よりも、企業存続のためのリストラが優先されてしまうのです。

良い経営判断とは、「不景気のときにアクセルを踏める少数派の経営だ」とわたしは先に示唆しました。それを可能にするのは高収益で、不景気でも利益が出る企業の在り方にあるのではないかと考えるようになりました。健全な精神を保つ経営者には精神的な余裕があり、「不景気を楽しむ」ことができるのではないでしょうか。その余裕が長期の経営のデザインを可能にするのです。

　つまり、「長期の投資対象には、売上費用比率の高い企業こそが好ましい」のではないか。この仮説を、わたしは運用の現場を観察していくうちに次第に持つようになったのです。

　しかし、これは投資の世界の常識ではありません。ファンドマネジャーの間には「収益率は数年で平均へと回帰する」というセオリーを信じている方々が多数存在します。例えば「ROEは平均への素早い回帰する」という話があります。確かに、それは存在し、現在でも正しい学説です。ところが、ROEは平均に回帰しますが、売上費用比率は平均には回帰しなかったのです。この違いを認識することが重要なのです。

　ところが、このROE学説を実際の運用の現場に適用すると悲惨な結果になりがちなのです。「ROEが低いものへ投資すればそのうちに平均へ回帰するだろう」というストーリーを組み、ROEの低いもの（PERやPBRなどの株価指標が低いもの）に投資をするわけです。

　しかし、現実にはうまく機能せず、多くのファンドマネジャーがこの説を信じたせいで、株式投資に失敗していきました。2000年代には多くのヘッジファンドが誕生しましたが、PERの低い小型株を買い、PERの高い大型株を空売りする基本戦略を選択するマネジャーが多かったのです。しかし、多くのマネジャーが成績不振で業界から去っていきました。

ROEは、確かに平均へ回帰しますが、投資のリターンが犠牲になることに多くの運用者は気づかなかったのです。収益性が低い事業を営む企業が、その改善策として、保有資産を減損したりする。あるいは、人員削減を実行して大赤字を計上したりする。その結果、確かに翌年には一時的に収益が回復します。この現象こそが「ROEの平均への回帰」の一面なのです。

　一方で、高収益の企業は事業の再投資が追いつかず、自己資本比率が高まり、キャッシュリッチになっていきます。そうなるとBPSは増えますが、利益はそれに見合って増えないということになるため、この場合もROEは低下していくのです。今の時代、投資家も資本コストを上回るリターンを経営者に求めるようになってきていますから低ROEは許されないわけです。だからこそ、わたしたちは投資先の上場企業に対して、過剰な資本を解消するための株主への還元策の充実を求めているのです。

　しかし、運用の成果は、ROEそのものとは違うのです。高収益事業は長期にわたり高収益のままというのが現実です。高収益企業のROEが下がる要因のひとつはテクニカル的なものです。事業が儲かるためにキャッシュが溜まり過ぎるためであって、企業側の再投資がキャッシュの増加に追いつかない一面があるからなのです。そのキャッシュの一部は時価総額に反映されています。ですから、キャッシュがまったくキャピタルゲインに寄与していないわけではありません。そのことに気づいたわたしは**高い収益性を利用しつつ、キャッシュが内部に溜まりやすい企業に注目して、その経営者が株主への還元姿勢を高めるかどうかを見極めて注意深く銘柄を選ぶ**ようにしてきたのです。

　もともとの好財務の高収益事業が株主への還元姿勢を高めると株価も上がります。例えば、自社株買いをすれば、その分だけ1株当たり

の純益や配当も増えます。また、配当性向を上げればその分だけ配当も増えます。それを株価は好感します。

　良い経営が長期にわたって成長していくキャッシュフローを生み、その経営がさらに還元姿勢を高めるという運用の好循環がクオリティ・グロース投資の醍醐味です。この好循環がわたしのファンドマネジャーとしてのトラックレコードを良いものにしました。わたしがこの業界で25年以上も生き延びることができたひとつの要因です。

　わたしは特定の環境下、ブルーオーシャンで存在するクオリティ・グロース銘柄群における営業利益率の高位改善傾向の事実を投資手法に利用しました。一方で、ROEの平均への回帰については投資手法にあえて利用しませんでした。「"ROEの平均への回帰"は単なる結果論であって、投資家の成績を出すために必要な将来予見ではない」と解釈したのです。

　高収益企業はキャッシュを溜め込みすぎたがゆえにROEが一時的に低下しますが、BPSは毎年のように積み上がり、将来の配当可能原資もますます大きくなります。

　一方、低収益企業では、一見PERなどは低いですが、たまに大きな赤字を出してしまいます。せっかくの累積の利益が単年度で吹き飛びます。また、赤字では、BPSが低下してしまいます。自己資本も減り、それを嫌気して、株価は下がってしまいます。繰り返しになりますが、ROEの平均への回帰の解釈を誤ったために市場から退場した運用担当者はとても多いのです。

コラム：筆者の日本株ポートフォリオの成績について

　わたしは機関投資家としての運用歴が25年を超えるベテランファンドマネジャーの域に達しています。過去25年の年率平均のリターンはおよそ17％で、TOPIXの４％台と比べても大きなアルファを積み上げてきたという自負があります。

　ただし、2004年から2017年まではロング・ショート戦略を担当していましたので、ロングポートフォリオをフルインベストメントした場合の値を表記しています。

　ロング・ショートとはリスクを最小限に抑える運用で、ロングポートフォリオもキャッシュを半分程度持つスタイルでした。顧客が年金基金であったため、そのような要請があるのです。そのキャッシュ部分を除いた数字です。

　一方で、1997年から2003年までのクレイフィンレイ時代と、2018年以降のダイヤモンド時代、セゾン投信時代はロングオンリーの単利ベースの数字です（128〜129ページ参照）。

　25年の長期にわたってアルファを獲得してきたことは、わたしのプライドになっています。

　「好きこそものの上手なれ」と言いますが、わたしにとって株式の運用とはまさに天職のようなものでした。機関投資家の運用は規律がなによりも重要で、売買回転率にも制限がありますし、安易に売り買いはしません。もちろん、レバレッジも使っておりませんし、信用取引もしておりません。

　この25年の間、わたしを支えたのが独自の個別株の選別手法です。次節以降で詳しく紹介したいと思います。

年	月	所属機関	TRの騰落率（％）
1997	9月から12月	ClayFinlay	-1.77
1998	1月から12月	ClayFinlay	8.16
1999	1月から12月	ClayFinlay	158.57
2000	1月から12月	ClayFinlay	-29.55
2001	1月から12月	ClayFinlay	-22.94
2002	1月から12月	ClayFinlay	-10.48
2003	1月から12月	ClayFinlay	42.56
2004	1月から9月	ClayFinlay	12.83
2004	10月から12月	GCI	12.38
2005	1月から12月	GCI	66.43
2006	1月から12月	GCI	10.59
2007	1月から12月	GCI	10.74
2008	3月から12月	NewSmith	-22.60
2009	1月から12月	NewSmith	19.68
2010	1月から12月	NewSmith	11.50
2011	1月から12月	NewSmith	-29.68
2012	1月から12月	NewSmith	20.40
2013	1月から12月	NewSmith	78.42
2014	1月から12月	NewSmith	30.70
2015	1月から12月	Man Group	33.04
2016	1月から12月	Man Group	-4.88
2017	1月から6月	Man Group	16.76
2018	10月から12月	ダイヤモンド（助言）	-9.60
2019	1月から12月	ダイヤモンド（助言）	35.42
2020	1月から12月	ダイヤモンド（助言）	3.05
2021	1月から9月	ダイヤモンド（助言）	13.30
2022	2月から12月	セゾン投信	-2.08
2023	1月から11月	セゾン投信	23.90

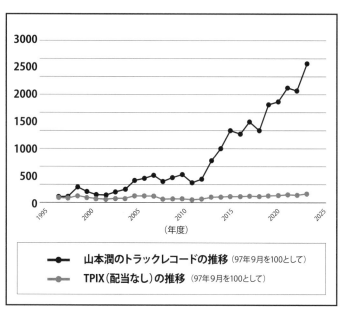

筆者トラックレコード VS. TOPIX

凡例:
- ● 山本潤のトラックレコードの推移 （97年9月を100として）
- ● TPIX（配当なし）の推移 （97年9月を100として）

日本ポートフォリオ		筆者の成績（%）	TRX（配当なし）（%）
過去25年間	リターン平均（%）	17.0	4.2
	標準偏差（%）	37.7	22.6
過去20年間	リターン平均（%）	15.9	5.9
	標準偏差（%）	25.8	20.3
過去15年間	リターン平均（%）	16.0	8.1
	標準偏差（%）	24.8	16.3
過去10年間	リターン平均（%）	14.0	6.6
	標準偏差（%）	16.7	10.1
過去5年間	リターン平均（%）	14.7	10.2
	標準偏差（%）	15.3	12.1

クオリティ・グロース銘柄
選定のための条件

　クオリティ・グロース銘柄の特徴について、これまで長々とお話をしてきました。

　高い理想を掲げる人々には、他人には見えない潜在的な需要や社会の切実なニーズが見えます。ブルーオーシャンを作る努力を惜しまない人が新しい市場でシェアを獲得していくのでしょう。大きな需要を顕在化させて、供給が限られる中で、収益を確保して、その収益を再投資していくことで息の長い増収が見込まれます。増収効果によって主に固定費が効率化するスケールメリットが生まれます。良い技術の筋を利用すれば、変動費さえ効率化していくのです。

　クオリティ・グロース銘柄の特徴は、長期では、インデックス投資を大きく凌駕することにあります。ここからは、「クオリティ・グロース銘柄を、どう具体的に探すのか」という視点でお話をしたいと思います。

　わたし自身、自らのキャリアを振り返ってみると、クオリティ・グロース銘柄にパフォーマンスを助けられてきたと言えます。事実、運用成績が長期にわたっておおむね良好でした。

　その理由のひとつとして、「単純な銘柄の選定基準」が挙げられると思うのです。その基準とは次のようなものです。

【クオリティ・グロース銘柄の選定基準】

①伸びる市場で

②シェアを伸ばしていける企業であって

③その商品価格（あるいは商品の限界利益率）が上がっていくような
　企業に投資をする

　たったこれだけです。この３つの選定基準が図らずもクオリティ・
グロース銘柄を発掘する単純な基準であったのです。限界利益率とは
変動費と売上の比率である変動費率（後述）を算出して、１から変動
費率を引いたものです。売上が１増えれば、利益がどれだけ増えるか
の指標です。

　好成績を数年間で上げたことで投資本を出版することになって、
2001年にイーフロンティア社から『インベストメント』を出版しまし
た。その本に上記３つのシンプルな投資選定基準が書かれています。

　証券会社でリサーチをしていたころから使用している基準ですので
かれこれ30年経過しますが、いまだに使用しています。

１）市場が拡大すること

２）市場内シェアが向上できること

３）商品の価格が向上するか、商品の限界利益率の維持もしくは向上

　**この３つの条件（市場拡大、シェア向上、価格上昇・限界利益率の
向上）を「勝利の方程式」**と呼んでいました。それぞれ、解説しま
す。

1）市場の拡大

　最初の条件の市場拡大とは、例えば、社会の趨勢(すうせい)に合わせて、長期の視点で市場を見ることです。ベースには世界人口の増加がありますから、生活必需品はじわりと市場を拡大していきます。ひとり当たりのGDPが高まると、余暇やレジャーなどに消費が回るようになります。長寿の傾向もあるので、医薬品や医療機器の市場も人口の伸び以上に増えています。

2）シェアの拡大

　2つ目の条件はシェアの拡大です。シェアの高い企業がスケールメリットを活かして下位からシェアを奪うという流れのことです。

　他社よりも良い商品を提供できる企業は、世間から高い評価（信頼）を得ます。その後も、相対的に優れた商品を出し続けることができれば、自ずとシェアは向上していくでしょう。

　一般に、新商品を出すときには、旧商品よりも機能や性能を一段と充実させ、よりチャレンジングな高価格を設定するものです。こうした新商品を市場から受け入れてもらうことに努め、営業利益率を向上させつつ、シェアを高めるという難事に、企業は挑戦しているのです。

　ほかにも、シェアの拡大として、市場が細分化されている外食や薬局などの個人商店が存在している領域では、上場している売上トップの企業が零細企業から市場シェアを徐々に奪うという形が見られます。事実、個人商店がスーパーに置き換えられた時代もあります。個人経営の喫茶店のシェアが下がり、スターバックスやコメダのような上場企業に変わることもあります。かつては個人経営の薬局や院内調剤が当たり前でしたが、今では大手のドラッグストアが普及しています。強い企業にシェアが集まるという傾向があります。

3）商品の価格の上昇・限界利益率の向上

　3つ目の条件の商品価格の上昇では、例えば、価格交渉力のある企業が値上げをする場合もあれば、商品ミックスが改善する場合もあります。比較的値段の高い商品がよく売れて平均的な商品価格が改善する場合もあります。よくあるパターンは、ハードウエアを売ってから、後に消耗品が出るケースです。消耗品には高い利益率が設定されている場合が多いのです。あるいは、保守契約やサポート契約では、前述のスケールメリットが利きます。故障を直すという経済価値は顧客ごとの指標なのに対して、故障を直す側には効率を向上させる方法論が多数存在します。年ごとの販売台数ではなく、過去の累計台数（正確には正味の稼働台数）で商売ができるため、消耗品や保守サポート事業にはスケールメリットが利きやすいのです。例えば、エレベータ事業の保守では、センサーを活用して遠隔で故障を直すこともできるようになったことで、事業の収益率が向上した経緯がありました。

　ここで、**限界利益率**について説明します。まず、費用を固定費と変動費とに分けます。1）固定費の算出では、まずは社員の人数や年俸から人件費を推定します。人件費は固定費の代表です。そして、固定費のもうひとつの代表である減価償却費を人件費に足すことで求めます。人件費に減価償却費を足したものを1.3〜1.4倍するなどして簡易的に固定費を求めても大きくは外れていません。

　費用（固定費＋変動費）は売上から営業利益を引くと出ます。費用から固定費を引いたものを変動費と見なすのです。

　さらに、変動費率という指標があります。変動費と売上の比率のことです。変動費率8割とは売上10に対して変動費が8かかるという意味です。この変動費率を1から引いたものが限界利益率と呼ばれるも

①売上－利益＝費用
②費用＝固定費＋変動費
③変動費率＝変動費÷売上高
④**限界利益率＝１－変動費率**

限界利益率の高い企業を選ぶ

限界利益率を高く維持できると

売上高利益率が改善される

のです。変動費率8割であれば限界利益率は2割（1－0.8）となります。

　限界利益率はもっとも高いもので100%近くあるものもあります。例えば、鉄道やテーマパーク、映画館などは、運営には固定スタッフが必要ですが、それ以上に稼働率が大事で、限界利益率はとても高いものになります。半導体関連も、限界利益率は8割程度あります。

　一方で、商社や住宅や食品などでは材料費の比率が高く、限界利益率は4割以下のものがほとんどです。B2C［B to Cとも言う。Business to Customerの略で、企業（法人）と一般消費者との間で行われる取引のこと。インターネットを利用した個人向けオンラインショッピングなどが代表例］と呼ばれる一般消費者向けの事業には大量の広告宣伝費がかかります。これは変動費的性格を持つ固定費と見なすことが普通です。材料費は変動費です。製造原価となる外注費なども変動費扱いします。

　さて、この限界利益率が維持でき、131ページの①と②の投資条件（市場の拡大とシェアの拡大）もクリアできていれば、売上に対する固定費率が下がりますので、自ずと利益率が改善します。**成長市場では、商品価格が少々下落しても限界利益率が下がらなければよいということが大事**なのです。価格が下がれば新しい需要が喚起できます。新需要によって数量が増加する好循環が生まれます。もちろん、年々、限界利益率は向上していくほうがよいのですが、限界利益率が維持できていれば、固定費の効率化であるスケールメリットのおかげで売上高利益率は徐々に改善していくものなのです。

　もちろん、規模が大きくなれば材料の仕入れ価格も安くなる場合が多いので変動費も効率化します。この場合は取引先との価格交渉力が高いことが効率化の前提条件となります。シェアが非常に高い取引先の中には値引きをしない強気の取引先も多いのです。

クオリティ・グロース銘柄の
選定条件を満たすためには

1）勝利の方程式を満たす銘柄群は存在する

　先述したように「市場拡大」「シェア拡大」「価格上昇・限界利益率の向上」という3つの条件を「勝利の方程式」と呼んでいました。

　ところで、この「勝利の方程式」を満たす投資対象はあるのでしょうか。結論から言うと、実は多数あるのです。省人化のサービスはその代表例です。

　省人化とは人の仕事を機械やITシステムで置き換えることです。例えば、昔は目の良い若い人を大量に目視検査などに動員していましたが、今ではセンサーを使って無人で行うことができます。多くの製造業は、労働力をアジアなどの低賃金国に依存していますが、新興国の労務費は毎年のように上がります。すると、人件費を代替できる製品やサービスの価値も毎年のように上がることになります。テクノロジーの発展によって人の仕事を置き換える領域はますます増えていきます。単純作業の仕事はロボットなどの自動化設備に置き換えられています。

　数量増が期待できる市場は、ほかにも多数あります。

　人の仕事を置き換える自動化関連の市場は、「ヒト」を対象にしています。世界的に見て、その「ヒト」の数はこれからも増えるため、

全体の市場も成長していくでしょう。

　さらには、テクノロジーの進展で置き換えることができる領域が広がり、省人化の関連市場はますます拡大していくでしょう。そうなれば、価格の上昇も、前述の通り、期待できます。人件費は毎年のように増加していくのですから、代替サービスの価格も上昇していくわけです。

　条件の２つ目の競合との対比で市場シェアが上がるかどうかは、実際の製品やサービスを調査し、分析することである程度の目途はつきます。経験則に照らせば、やはりトップ企業が不況期にシェアを伸ばすという、不景気をむしろ楽しむかのような思い切った経営判断をする場合が多いので、**わたしの戦略の基本は「シェアトップ企業への投資を優先すること」**でした。

　もちろん、費用と売上の関係にテクノロジーやイノベーションの影響を考慮することもできます。わたしなりに、「長期投資家にとっての良いイノベーション・トレンドとは何か」を定義していきました。それが前述の時代のギフトの２つ目の「良い技術の筋（＝変動費率の向上」であったのです。

２）単位当たりの売上に注目　～売上高費用率を見る～

　わたしはアナリストになってから、社会人学生としてコロンビア大学と東京理科大学で電気工学を学びました。運用の仕事上、工学の知識が商品分析において役立つからです。

　工学とは、経済的で実用性のあるものを研究する学問です。理学は原理原則を学ぶ本質的な学問ですが、工学はそうではありません。いくら便利でも、高価すぎるものは社会には普及しません。高価なソ

リューションは、技術としては使えないものになります。「ソリューションが経済的であること」が投資の絶対条件なのです。

　技術動向はどの技術領域にもありますが、テクノロジーには法則があります。自然と、より安価で、より付加価値の高いものを人々に訴求していくことになります。

　前述の「勝利の方程式」では、商品価格の上昇を３つ目の条件として挙げていました。しかしながら、名目的な価格というよりは、投資にとっては、「単位費用当たりの売上」という比率が重要なのです。価格は下がったとしても、費用がそれ以上に下がるのであれば、収益性（限界利益率）はむしろ改善します。

　新商品の普及期には価格弾力性（価格の変動によって、ある製品の需要や供給が変化する度合いを示す数値）が高いので、少しの価格低下であっても需要が伸びるという現象もあります。市場の拡大を想定するときには、（経済学にはイノベーションの普及曲線というものがありますので）なるべく普及率が低い商材を投資対象にしたいのです。投資の観点からは、普及率が５割に達していてはもう新鮮味がありません。遅くとも普及率が１〜２割程度のときには投資を始めているべきでしょう。

　普及率の想定はそれほど簡単ではありません。例えば、一家に１台という前提で普及を考えていたら、実際には一家に１台ではなくて、ひとりで複数台となるようなパターンもあります。そうなると、投資では利食いが早くなりすぎます。わたしも間違えました。1990年代のことですが、デジタルカメラの普及期にわたしは「一家に１台ではないか」と想定してしまいました。これは間違っていました。ひとりが複数台持てる

時代になっていたのです。電話もかつては一家に1台でしたが、今では携帯はひとり1台ですね。いや、ひとりで2台持っている人もいます。タブレットなどを合わせるとひとりで数台の時代です。

「これから普及するだろう」という商材に対しては注目するだけに留めておき、将来の市場規模などを最初から固定しないでおくのが、投資家としては良い態度です。例えば、価格が安くなると、電気自動車も一家に1台ではなく、ひとり複数台になる可能性もあるからです。普及の度合いは需要次第なので天井を設けるべきではないというのが、わたしの経験から言えることです。

単位当たりの費用を全社ベースで計算するときには、以下の方法で大まかに推定します。

まず、売上と純利益（あるいは営業利益）との差額を費用とします。そして、売上を費用で割ります。これが売上高費用比率です。この売上高費用比率は純利益率の代替指標です。マイナスになることがないので時系列計算に継続性を持たせることができますから、統計処理をするときには、（ときに負の数となってしまう）純利益率よりも適しています。

売上高費用比率が落ちない、ブレが小さい、そして着実に上昇している企業は、その背景に「勝利の方程式」が絡んでいることが多いのです。

3) 費用対効果の改善　〜表面積と体積〜

「良い技術の筋」は非常に重要なので、ここで繰り返し解説します。本書では大事であると思われることは、角度を変えて繰り返し述べていくことにしています。

単位費用当たりの売上は、売上と費用との対比で出せます。演繹的に、費用と売上の関係を長期のトレンドとして捉えるのがよいのです。特に、長期トレンドがテクノロジーの進化に関連しているケースも多々あります。

　例えば、空間を売る商売があります。オフィスを賃貸する企業を想定してください。

　床面積はオフィスビルディングの場合、超高層とすることで広くすることができます。賃料は容積率（敷地面積と建物の階数との積）に大まかに比例すると思います。ところが、ビルの建材はというとオフィスの中身は空気ですから、表面積に比例する部分が多いのです。

　ここで「費用は表面積に比例し、売上は体積（容積）に比例するという関係」が見出せます。

　ビルは時代を経て、より大きくなる傾向があります。この表面積と容積との関係は費用と付加価値との関係ということでもありますから、容積が付加価値であるものすべてが対象となります。

1辺が1cmのサイコロ　　　1辺が2cmのサイコロ

1辺が2倍になると、体積は8倍になる

ビルだけの現象ではありません。冷蔵庫もそうです。昔と比べて、大型化しています。軽自動車の車内空間もどんどん大きくなっています。鉄板を少し余分にするだけで容積が増えて利便性は高まるのです。

　もちろん競争相手もありますので、この議論は割り引く必要があります。なるべく競争がない領域を探すことが肝心です。つまり高いシェアがなければこの「良い技術の筋」という時代のギフトは使えません。**シェアの高い事例を数多く見つけることが投資家の仕事の一部**です。

　例えば、既存のビルをより高く、より大きく建て替えると、売上と費用との関係は改善すると考えられます。ただし、不動産であっても、その地域でのシェアが高い企業でなければなりません。丸の内でのシェアが高い三菱地所や、八重洲日本橋でのシェアが高い三井不動産であれば、その地域の賃料は競合の影響を受けにくくなり、地域ごとの寡占と見なすことができます。一方で、雑居ビルが多く並ぶ地域では賃料競争は厳しいものになるでしょう。

　投資家の仕事のひとつは、**「売上の伸びよりも費用の伸びが小さくなるパターンが長期で継続する領域」はいたるところにある、ということをまずは知ること**です。以下のように、このような費用と売上の関係はいたるところに見出せます。

◎都市化関連

　都市に人口が集まってくる都市化の現象が世界中で観察されています。都市化とは、大都市へ周辺の農村の人口が引き寄せられるという、一般的にどの国家の、どの時代にも見られる現象です。企業の成長の背景には、都市化が関連している場合がほとんどです。都市化は事業運営の効率を良くする方向に働きます。都市の効率性が人を呼び寄せているのです。

この場合、顕在的な需要が増加しているわけですから、容積を大きくすることが可能です。人口が密集していない田舎にタワーマンションを建てても需要がありません。

体積が付加価値で表面積が費用である場合は、都市化などの需要増加が前提条件として必要でした。容積（体積）が付加価値に直結するものとしては、移動体や冷蔵庫など、ほかにも多数存在します。このようなケースでは容積が時代を経るごとに大きくなっていきます。付加価値が上がればその分、売上は増えていきます。ビルの価格も冷蔵庫の価格も容積に比例して上がります。

一方で、費用の上がり方は、容積の上がり方よりもゆるくなります。ただし、競争が厳しい市場では容積を増やしても価格を上げることが困難になってしまうのです。

逆のパターンである費用が体積で表面積が付加価値のケースとしては、半導体が挙げられます。半導体は微細化といって、電子回路を小さくすればするほど電子の移動距離が短くなり、演算のスピードが上がります。ですから、業界のトレンドとして、1枚の半導体ウェハーから、製造プロセスを微細にしていき、仮にチップ面積を半分にできれば、ウェハーからの取れ数は2倍になります。材料費が変わらず、取れ数が2倍になるので、価格がそのままであれば変動費率は大きく改善します。

ただし、やはり競争があれば、チップ価格も下がります。供給が2倍になればそれを補うだけの新しい顧客を探さなければなりません。

このような場合、投資家は、「限界利益率」というものに着目します。価格は下がったとしても、その"下げ"が費用の"下げ"よりも甘いかどうかを見るわけです。費用の下げのほうが価格の下げよりも大きければ、限界利益率は向上したことになります。

普及の始まった製品であれば、安くなった分だけ潜在需要を顕在化できるでしょう。

◎テクノロジー関連

　テクノロジーとして体積が費用で表面積が付加価値という関係が良いものは半導体以外にも多数あります。例えば電子部品群です。電子部品の中の受動部品のひとつであるコンデンサは主に電気を蓄えることができる機能を持ちます。コンデンサの容量は絶縁膜を薄くすると増えます。つまり、絶縁膜の材料費用は減るのに容量は上がり、製品としての付加価値は向上するのです。膜が薄くなると原料が少なくて済みます。長期トレンドとして段階的に絶縁膜は薄くなっています。

　コストを増やさずに利便性を高めるものとしては、箔やフィルムが挙げられます。例えば、光学フィルムがあります。薄くすると光の透過率は向上します。性能が上がり、付加価値は増加します。テレビは大きな画面のほうが高い価格で販売できます。フィルムのコストと大きさとの関係に関して、薄く大きく引き伸ばしをすれば、コストは上がらないのに面積は増えるので、価格を上げることができます。同様に、化学製品やバイオ薬品も表面積が付加価値であり、体積がコストになります。

◎移動体

　一般的に、移動体は、軽くするとより少ない力で移動できます。

　モーターは材料を薄化すればそれだけ回転数が上がります。自動車は軽くすればするほどスピードは速くなります。スピードが速くなれば、付加価値は上がります。

　そのような背景から、例えば、列車の技術トレンドも軽量化ですし、部材は重いものから軽いものへと変わり、さらにより薄くなって

きました。結果として移動スピードも徐々に上がってきました。

電車のスピードを倍にすれば、使う車両数も半分で済みます。運輸企業にとっては設備投資が半分になります。鉄道会社などは、駅や線路を基本的に地域独占しており、競争が起きにくく、価格競争には陥りにくいので投資の対象になります。

一方で、港や空港を他社と共用している海運や空運は価格競争に明けくれています。価格が需給で決まり、市況が出来上がってしまうのです。これでは長期の投資の対象にはなりません。

以上のように、細かく見ていくと、小さなコストで大きな成果が出せる領域は多数見つかります。表面を荒らすだけのエッチング（※主に金属やガラス、半導体を対象とした、表面加工法の一種）であっても、表面積がものをいうような電極（化学反応の界面）では、威力をかなり発揮します。太陽電池や半導体、電池、触媒など、ナノテクノロジーを使用するものはほぼすべてが「良い技術の筋」になりえます。長期のトレンドとして表面積の拡大が続いています。

このように、費用と売上との関係には良いトレンドが見い出せる場合が多々あります。費用を増やさないで性能を上げることができるパターンをたくさん見出してみましょう。

4）サプライチェーンの中でもっともシェアが高い部分に注目

繰り返しになりますが、サプライチェーン全体を俯瞰して、シェアを定めることが肝心です。良い技術の筋はシェアが高いものにしか適用できません。シェアが低い企業はスケールで負けてしまいますし、競争が厳しい市場では、良い技術は値下げ原資になってしまいます。ある商品の市場が伸びたとしても、伸びる市場に多くの参入があり、競争が厳し

くなってしまっては良い投資にはなりません。そこで伸びる市場をサプライチェーン（商品や製品が消費者の手元に届くまでの一連の流れ）に分解して、市場参加者を列挙し、市場参加者の中でシェアが高いもの、または登場回数が増える傾向にあるものをピックアップします。

　先述したように、員数とは、ひとつの商品の中にいくつ使われているか、単位商品当たりの部品の使用個数のことです。

　電気自動車が伸びると仮定します。今、１台当たりＸ個のセンサーが使われているとします。将来には２Ｘ個のセンサーが使われているとすれば、電気自動車のメーカーを買うよりも、員数が２倍になるセンサーのメーカーを買ったほうがよいかもしれません。員数が増える部品に着目して、そのシェアが高い企業が見つかれば良い長期の投資先になります。

　全体に占めるコストがあまり大きくない部品であればよりよいでしょう。例えば、30年前のことですが、液晶テレビ（最終商品）の価格に占める光学フィルムの費用は数パーセントに過ぎませんでした。パネルメーカーから見ると、そこを値引きしても大した効果はありません。

　最終商品の価格が100円なのに２円の部材を半値にしても１％しか安くできません。それよりは20円や30円の部材を値下げしてもらうほうがよいのです。実際に、昔は光学フィルムに対しての値引き要請はあまり強くありませんでした。液晶の場合、大きな費用を占めるのはカラーフィルターやTFTガラスです。こちらはさすがにパネルメーカーからの値引き要請は強いものがありました。最終商品に占める費用の割合が低いものとしてはコネクタなどがよい例です。総じて高い利益率を誇っていますが、彼らの技術が優れているというよりも値引き要請が比較的小さいことが効いているのでしょう。

これまでの話をまとめると次のようになります。

◎拡大する市場におけるプレイヤーを整理する
◎利益率の高いプレイヤー、シェアの高いプレイヤーに着目する
◎部材や部品の場合、トータルの費用に占めるその部材価格の比率が
　小さいものが好ましい

もちろん、代替されにくいものが投資対象になります。

5）「良いトレンド」が微増収でも大幅増益をもたらす場合もある

　良い技術や良いトレンドに恵まれていても、経営者や社員によく考
える訓練ができていなければ、長期にわたっての企業の収益性は改善
できないと思われます。短期的に市場環境に恵まれることはどの企業
にもあります。しかし、長期で株式を保有するためには、長期で事業
をデザインできる経営を選びきる必要があります。良い経営はそれほ
ど多くはありません。

　ひとつ、良い経営の例を挙げます。和製ERPを提供するオービック
という上場企業です。
　本社人員の省人化が可能にできるものとしてERP（Enterprise
Resources Planning）というパッケージソフトがあります。わたしは
1998年上場当時から同社株に投資をしています。大きな投資成果をも
たらしてくれた思い出深い企業のひとつです。オービックの野田順弘
社長（当時）は非常に合理的な方で、３月や期末に集中するITソフ
トウエア業界にあった、季節性をなくすことに取り組みました。官庁
などには予算の関係から「期末である３月に納入してくれ」という都
合があります。「IT業界の在り方としてこれではいけないのではな

いか」とオービックの経営者は思ったのです。

　ソフトウエア開発は、人員の稼働が最適化できれば儲かりますが、仕事が３月に集中すると、その時期に向けて外注を多数使わなければならなくなります。顧客にとっても、オービックにとっても、合理的ではありませんでした。

　そこで、顧客に提案して、期末以外の暇なときにシステム構築をお願いしたのです。顧客もシステム構築の費用が安上がりになるため喜びました。オービックは外注コストがいらなくなりました。こうしたウィンウィンの提案をひとりひとりの社員が創出できることが大事で、これこそが本当に強い企業のお手本だとわたしは思うのです。

　例えば、オービックでは、潜在的にERPへの需要が大きいとしても、社員の育成には時間がかかるとして、適正規模の人員しか採用しないで少数精鋭でじっくりと着実に成長することを優先してきました。上場した1998年当時、社員は1000人ほどでした。売上は260億円程度で純益は６億円程度の企業でした。じっくりと成長した結果、2022年には売上は900億円程度、純益は400億円になっています。社員数は2000人強（連結ベース）です。

　この例、つまり「微増収で大幅増益」という現実をしっかりと理解する必要が、長期目線の投資家には必要だと、わたしは思うのです。オービックは24年で売上３倍ですが、利益を67倍にしたのです。社員の給与は98年当時で、31歳で月給37万円でした（東洋経済四季報1999年１集より）。現在の平均年齢は36歳で年収は933万円です（東洋経済四季報2022年２集より）。

　利益は67倍になったのに社員数は２倍になっただけでした。だから、平均給与は倍増しました。社員の給料を上げながらの大幅な増益

を成し遂げました。

　売上を増やすことだけが株主還元ではないということです。地球の資源は限られています。地球の資源を大切にするのであれば、売上ではなく、利益を増やすことに注力すべきです。

　トップラインである売上を重視する投資家は多いのですが、わたしは経営者による長期の利益のデザインを重視します。競争のない状況を作り出し、じっくりと社員を育成して、着実に利益を増やし続ける経営です。そのほうが社員も長期で無理なく成長できます。社員は給与が長期で数倍になり、投資家も株価が長期で数倍になる。そういう、ともにうれしい状況が理想です。そのためには、努力を重ねて経営し、商品やサービスの改善を重ねる。社員は工夫を重ねる。経営者も社員も成果を求めて頭を使った仕事をする。顧客を大事にしてより繁栄する方向に導くことが大事です。オービックの野田社長は1998年当時から「顧客はITシステムに多くを望みすぎる。できないことをわからせて、安く標準的なもので納得してもらうのが最初のわれわれの仕事だ」と仰っていました。顧客の高望みに付き合っていては、カスタムメイドの高価だが役に立たないシステムを提供することになり、企業もその顧客も共倒れしてしまうのです。

　顧客の声を聞きすぎても商品が複雑化してしまうのでいけません。多くの機能を持てばそれだけシンプルさから遠ざかってしまいます。良い技術のトレンド、良い時代のトレンドを利用して、シンプルな商品にすることで、スケールメリットが利くのです。ブルーオーシャンの構築や差別化に邁進（まいしん）し、シンプルな商品で勝負するのです。

　大組織の質を長期で良好な水準に保つことはなかなか難しいことな

のです。役員に昇格すると、すごろくの上がり状態になって、偉ぶって努力を怠る経営者も多いです。慢心や甘えが効率を落としてしまいます。

　例えば、グーグルの企業文化といえば、ウェルビーイングネス（well-beingness）であると言えます。現在、ROIC（企業が事業活動のために投じた資金を使って、どれだけ利益を生み出したかを示す指標）重視の経営が主流になっていますが、ROICの一時の高さだけでは駄目です。長期でずっと高くなければなりません。そのためには現場の社員の協力が必要です。何気なく毎月支払っている経費は本当に必要なものなのか。社内のアプリケーションソフトは生産性に本当に貢献しているのか。ひとりひとりの社員が会社の資産や費用を効率的に使って仕事をしっかりしているのか。ROIC的に見て、現場が有料アプリの稼働や生産性に対する意識をしっかりと持たなければなりません。無駄な会議をやめれば、会議室という資産は不要です。

　そのような意識が社員に浸透しているのか。本当に必要な資産とは、他社にない計測機器を保有していたり、他社が保有できない材料を保有できていたりすることです。多くの優良企業では自前のソフトや自前の設備で資産を最適化しています。そういう最適化された資産を作ることに頭を有効に使うべきです。

　指揮者が必要になるオーケストラではなくて、指揮者がいらない室内楽のような小チームが多数存在し、それぞれが自律型のように自由に非常にユニークなパフォーマンスを実現するというのが、今の企業文化の在り様です。軍隊的な組織だとしたら、優秀な人材が集まらずになかなか苦労するでしょう。グローバルの競争に生き残るためには、柔軟性や変化を恐れないマインドや、生みの苦しみを楽しめる心持ちなどが必要です。

さて、前述のスケールメリットのありがたみと、良い技術のトレンドに乗っている企業を選んで、選択した企業が勝利の方程式を満たしていれば、概ね銘柄の選定はそれで大丈夫です。ただ、ひとつの大問題を除いては。

　そのひとつの大問題とは、良い企業はすでに高く評価されていることです。わたしたちに残された最後の課題は、株価とバリュエーション（株価評価）との兼ね合いなのです。

　良い企業は市場の評価も高い。市場の平均的なPERよりも高い。どのぐらい高いと買えないのか。逆にどこまでなら買えるのか。この問題に答えを出すために、次章ではわたしなりに工夫した株式価値算定のツールを紹介します。

「良い経営」を行っている企業かどうか、自分で調べてみる

ここまでの話の「まとめ」として、実際に自分で「良い経営を行っている企業」を調べる手順を紹介します。

1）8つのチェック項目

①社員の給与水準が業界平均や日本企業の平均よりも高い

永続するためには欠かせない人材（人財）に関するチェック項目です。

企業に優秀な人材が集まりやすいかどうかは、「社員の給与水準が業界平均よりも高いかどうか」、あるいは「社員の給与水準が日本企業の平均よりも高いかどうか」で把握することができます。

業界平均よりも高いかどうかは、四季報（東洋経済）や有価証券報告書を見るとわかります。面倒だと思わずに、同じ業界を横比較してみるとよいと思います。10社程度を横比較すると業界の給与のレベル感が身につきます。

②離職率が業界平均よりも低い（もしくは絶対水準として低い）

この項目も確認すべきです。教育コストの費用対効果が高まっているかどうかがわかります。統合報告書（企業のHP）を読むと離職率が開示されているはずです。離職率の開示がない企業は何かしらの理

由があって開示していないと思われます。

　一般論として業界を問わず、2％未満の離職率であれば絶対水準として問題がないレベルと言えるでしょう。

③リストラが少ない

　人を大切にしている企業では、人が安心して働くことができます。安心して長期で働くことで人は成長していきます。例えば、不景気に社員数が大きく減少したり、R＆Dが減額されたり、設備投資が大幅にカットされるような企業は、働く人々に不安を与えてしまうので良い経営を行っているとは言えません。本文でもお伝えしたように、不景気時に人材を採用しているか、設備投資をしているかを見るとわかります。

　このチェックは時系列に社員数の推移を見ることで確認できます。有価証券報告書でチェックできます。複数年度において社員数を確認します。

　特別損失が多い企業（過去10年で2度以上あるなど）も注意が必要です。損益計算書で大きな特別損失がないかどうかをチェックします。正社員の解雇には多額の割増退職金を企業側が特別損失として負担しなければなりません。企業都合の退職では数カ月程度のパッケージが支払われる場合が多いと思います。

　ビジネス自体がリスキーなもの、例えばバランスシートを活用しなければならないものがあります。商社における口銭ビジネスや銀行の貸し出しなどです。また重厚長大の事業は押しなべて大きなバランスシートを必要とします。紙パなどは紙を作る以外、転用ができない大型設備になり、紙の需要が先細りになると機械の稼働率が低下して減損の対象になりえます。使わなくなった資産であっても転売価値があればよいのですが、ガラスや鉄鋼や紙パなどの大型設備は転売価値どころか廃棄コストが膨大になります。

◆良い経営を行っているかどうかのチェックリスト

【チェック項目】	【資料】
①社員の給与水準が業界平均や 　日本企業の平均よりも高い	四季報や有価証券報告書
②離職率が業界平均よりも低い	統合報告書（企業のHP）
③リストラが少ない	有価証券報告書
④赤字が少ない	有価証券報告書
⑤業界内でのシェアが高い	統合報告書や決算説明会資料
⑥売上高営業利益率が２桁以上ある	有価証券報告書の損益計算書
⑦ROEが２桁以上ある	有価証券報告書の財務諸表
⑧従業員ひとり当たりの売上や利益が 　業界平均よりも高い	有価証券報告書

銀行の資産も貸出先が破綻すれば不良債権となります。バランスシートの資産の棄損は特損処理されます。逆にいえば、大きな特損を出すような事業には資産の減損リスクが絶えずあるかもしれないのです。

④赤字が少ない

安定した高収益事業を営むと、給料も年々向上していきます。企業も高い年収を払えます。年収が高いと優秀な人が集まりやすいです。

この項目は、有価証券報告書を見るとわかります。赤字になる企業では給料も安くなってしまいます。過去10年で赤字があるかないかをチェックし、赤字がないことを確かめてみましょう。

⑤業界内でのシェアが高い

業界内でのシェアが高いと、経営のトラックレコード（過去の運用実績や履歴）が良いことの証明となります。

商品の定義によってシェアは異なる数字になります。ですから、シェアを調べるのは困難な場合が多いです。ただ、インターネットでのリサーチをすればある程度はわかります。あるいは統合報告書や決算説明会資料を読めば、シェアに言及している記述が見つかる場合があります。シェアの高い企業はシェアを開示するケースが多いと個人的に感じています。

⑥売上高営業利益率が2桁以上ある

先述しているように、売上高営業利益率が2桁以上あると、収益性の高い経営を行っていることの証明になります。収益性が高いと給料水準も高く設定できるため、優秀な人材を集めやすくなります。この項目は、有価証券報告書の損益計算書を見るとわかります。

⑦ROEが２桁以上ある

　企業の収益性を示すROEが２桁以上あれば、順調に利益を積み重ねているとわかります。この項目も有価証券報告書の財務諸表を見るとわかります。

⑧従業員ひとり当たりの売上や利益が業界平均よりも高い

　従業員ひとり当たりの売上が業界の平均よりも高ければ、それだけ生産性があることの証明となります。この項目は、有価証券報告書を見るとわかります。

２）具体例紹介　〜村田製作所〜

　村田製作所を実例として見てみましょう。

①社員の給与水準が業界平均や日本の平均よりも高い

　23年３月期の場合、年収は800万円を超えています。上場している電子部品企業の中で最も高い部類です。ちなみに、中小企業を含む製造業の業界平均の年収は400万円以下です。

②離職率が業界平均よりも低い（もしくは絶対水準として問題ない）

　村田製作所の離職率（％）を見ると、2019年から2022年までの４年間は1.6→1.3→1.5→1.5でした（同社の統合報告書より）。これはもう絶対水準として十分に低いレベルにあると考えます。厚生労働省の雇用動向調査によれば、中小を含む製造業の平均的な離職率は９％程度です。一般論として、離職率が２％未満の企業は問題ないとしてよいでしょう。

③リストラが少ない

　過去10年（2013年度〜2022年度）に特別損失に大きなものはありま

せんでした。

④赤字が少ない

過去10年（2013年度〜2022年度）に赤字はありません。

⑤業界内でのシェアが高い

説明会資料によれば、車載向け積層セラミックコンデンサのシェア
は５割とあります。

⑥売上高営業利益率が２桁以上ある

2022年度までの10年間はすべて２桁以上。

⑦ROEが２桁以上ある

2022年度までの10年間はすべて２桁以上。

⑧従業員ひとり当たりの売上や利益が業界平均よりも高い

2023年３月期の連結従業員ひとり当たりの売上高は2300万円と非常
に高いことが確認できます（競合の太陽誘電は1500万円程度）。連結
従業員ひとり当たりの営業利益は村田製作所が400万円程度、太陽誘
電は150万円程度で差があります。

3）次章に向けて

第１章において、長期投資を最大限活用できるクオリティ・グロー
ス投資について紹介しました。第２章においては、クオリティ・グ
ロース銘柄の特徴や選び方についてお話ししました。「良い経営が、
良い人材を集めて、良い仕事をし続ける仕組み」について書きまし
た。

長期投資に叶う企業は第1章と第2章で見出すことが可能になりました。しかし、それだけでは不十分です。良い企業であればあるほど、市場での評価が高すぎる場合があるからです。

　優良企業だからといって、無条件に保有することは危険です。優良企業の中で割安なものをしっかり選ぶ術があれば、より一層、投資成果は約束されたものになります。

　そのためには、少し定量的な手法である統計の力を借りなければなりませんが、統計の難しい知識は必要ありません。ただし、エクセルなどの表計算ソフトは使う前提です。手順をそのまま踏めば誰でもエクセルで投資案件の株式価値の評価ができるようになります。本書では統計や投資理論の初心者でもわかるように解説には工夫を施しています。数式などもできるだけ使っていませんが、掘り下げて学習したい方のために、理論的なものは付録として各所にコラムという形でまとめています。

　第3章においては、成長率、成長期間、資本コスト、現在の株価、市場の平均的収益性などがキーワードになります。

　かいつまんでいえば、現在の株価が割安かどうかには、「利益や配当が将来にわたりどうなるか」の業績想定が必要になってきます。成長率と成長期間の積がもっとも重要な要素ではあるのですが、それに加えて、資本コストというやや難解な概念を理解することが必要になります。資本コストについては、第3章で詳しく論じているように、想定される期待リターンに届かない確率をもとに計算される「リスクプレミアム」と呼ばれるものに、国債の平準的な将来の期待利回りを上乗せしたものを株式の資本コストと呼びます。

　クオリティ・グロースの「クオリティ（確度）」に関わるものが資本コストであり、「グロース」に関わるものが利益や配当の成長率と

成長期間の積の大きさです。さらに、バリュエーションと言われる株価評価とは、将来の企業のリスク込みの収益想定を市場平均並みで保守的に評価する作業です。

　第1章と第2章で選んだクオリティ・グロース銘柄の株価が割安であることを確かめるのが第3章の役割です。

Quality

クオリティ・グロース判別式
（バリュエーション）について

Growth

バリュエーションの話を始める前に

1）変化率を求めるために時系列データを集める

　投資家が分析すべきは、成長市場の需要見通しと供給見通しの関係が、投資家にとって好ましいか否かです（詳しくは第2章第1節参照）。仮に、需要見通しが良好であっても、誰もが供給できるもの（コモディティと呼ばれます）は、需給が悪化してしまいます。

　例えば、船を購入してそれを運航するだけであれば、特別なノウハウは必要ありません。またスクラップを電気で溶かして鉄を作る事業にも特別なノウハウはありません。市況と呼ばれるものは年月の経過とともに大きく動きます。将来の需給の予測は、競争が多い場合は難しくなります。

　需給の変化の見通しを探るときには、過去データである時系列データというものを使います。時系列データから変化率（年率）というものが算出できるからです。

　例えば、T年前の年間売上を「S（－T）」としたとき、S（0）は現在の年度の売上を指し、S（－10）は10年前の年度の売上を意味します。

　S（－T）／S（－T－1）と書くとき、これはS（－T）をS（－T－1）で割ったものです。

エクセルでは LN 関数と呼ばれるものがあります。この関数を使って表す LN [(S (− T) ／ S (− T − 1)] は売上の変化率を表します。

日常生活では、T 年後の売上 S (T) ／ S (T − 1) から 1 を引いたものを単利の変化率といいます。

しかし、投資の世界では単利を使うことはなく、**連続複利**と呼ばれる LN 関数を変化率に採用するのが習慣なのです。関数電卓に ln というボタンがあります。その ln ボタンを押して連続複利を算出します。

例えば、2 倍になるような変化率は単利では 100% ですが、連続複利ではおよそ 0.6931…（= LN (2)）と、69.3%になります。

そして、連続複利を実際に売上に当てはめるときには、EXP というエクセル関数を用います。今の例で言えば、「EXP (LN (2)) =EXP (0.6931…) = 2」となります。

ここで、2 年前 [S (− 2)] の売上が 1.0 で、1 年前 [S (− 1)] の売上が 1.2、今の売上 [S (0)] が 2.0 だとします。すると、変化率は下の表のように 18.2% と 51.1%［LN(1.2/1.0)=0.182 と LN(2.0/1.2) =0.511］になります。

時系列データの変化率の計算例

売　上	変化率	
S(-2) = 1.0		
S(-1) = 1.2	**LN[S(-1)/S(-2)]=LN(1.2/1.0)**	**+18.2%**
S(0) = 2.0	**LN[S(0)/S(-1)]=LN(2.0/1.2)**	**+51.1%**

このように、時系列データが３つあれば、変化率のデータは２つとれます（下図参照）。したがって、時系列データがＮ個あれば、その変化率のデータはＮ－１個とれるはずです。先述したように、この時系列データの変化率が競合環境を分析するために必要になります。

S（－２）	S（－１）	S（０）
２年前の売上	１年前の売上	今期の売上
1.0	1.2	2.0

１年前と今期の「変化率」なので、ここでひとつ

２年前と１年前の「変化率」なので、ここでひとつ

　投資家として、売上の時系列データはとても重要なものです。企業業績の予想は売上の想定から始めます。そして、売上は数量と価格との掛け算ですから、数量の時系列データがあれば価格は逆算できます。その逆もしかりです。

　第２章で紹介した電気自動車の例は、数量の見通しでした。特定の商品の数量の見通しを考えるというのが業績想定の「いろは」の「い」となります。

2) どの時系列データを使うべきか

　時系列データの変化率を見るとき、重要なデータはいくつかあります。
　ひとつは財務諸表からとれる年次のデータです。例えば、売上や費用に関するもの、そして配当に関するものが該当します。

もうひとつは市場のデータです。株価に関するもの、あるいは統計などで発表されるものも対象になります。そのほか、商品の値段や数量に関するものも分析対象となります。

　ところで、いくつかある重要データのうち、どれを使うのが好ましいのでしょうか?

　結論から言うと、読者の方々は「売上」のデータを重視してください。売上さえしっかりしていれば、シェアが高く、代替リスクがない状況である限り、利益率は改善していくからです。売上を想定して、利益率の改善のイメージをつかめば、長期的な視野で利益を想定できます。

　なお、売上や利益や配当に関しては、企業のホームページやさまざまな情報サイト(株探、四季報など)から取得することができます。

3) 時系列データの平均と標準偏差を調べる

　有望な成長市場において、供給を一手に引き受けることができる企業の時系列データはどのような特徴を持つでしょうか。

　比較的単純に調べる方法があります。それは先ほど紹介した「時系列データの変化率」を取得することで可能となります。具体的には、変化率の平均(後述)が正の数で相応に高く(=順調に成長している)、しかも、変化率の標準偏差(後述)が低い(業績が安定している)のであれば、有望な成長市場で着実に成果を出し続けている企業であると考えられます(次ページ上段の図)。

　逆に、変化率の平均が正の数で高くても、変化率の標準偏差が高ければ、ブレが大きい、つまりリスクが高いと判断できますから、長期的な投資の対象にはなりえません(次ページ中段の図)。

　変化率の平均が正の数であってもわずかであったり、負の数値になってしまう場合は、言わずもがなです(次ページ下段の図)、

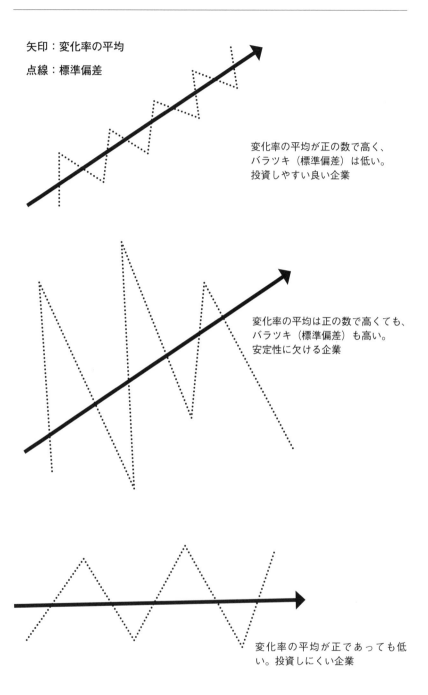

矢印：変化率の平均

点線：標準偏差

変化率の平均が正の数で高く、
バラツキ（標準偏差）は低い。
投資しやすい良い企業

変化率の平均は正の数で高くても、
バラツキ（標準偏差）も高い。
安定性に欠ける企業

変化率の平均が正であっても低
い。投資しにくい企業

～第2節～
統計学を使って
クオリティ・グロース銘柄の
グロースリターンを推定する

　ここからは、クオリティ・グロース銘柄のバリュエーション（企業価値）を調べる大前提として、「統計の話」をさせていただきます。

1）平均について（連続複利ベース）

　平均という概念は、時系列データ（※売上の時系列データ）の「最初」と「最後」と「その時間差」の3つから取得することができます。

　例えば、150年前に銀座の土地が1坪1円であったとしましょう。今、その価格が1億円であるとしましょう。地価の上昇は1億倍ですが、これを年率の連続複利ベースの変化率に換算するにはどうすればよいのでしょうか？

　連続複利ベースの変化率の平均はLN関数で計算します。エクセルか、関数電卓で算出可能です。

　このケース（150年前に銀座の土地が1坪1円。今、その価格が1億円）は、「LN（10^8）÷150」で算出できます。年率12.3％となります。「^」のマークはべき乗のことで、10を8回かけたものが「10^8（＝1億）」です。

　このように「対象となる年数」と「最初の値」と「最後の値」という3つの要素があれば、変化率の平均は計算できます。途中の148年分（中間）のデータは不要です。

ここで、対数 LN に慣れるために、以下の練習をしてみましょう。

【問題その１】

1950 年当時の日経平均は 100 円でした。2023 年の日経平均が３万 3000 円としたとき、その間の平均上昇率を連続複利ベースで求めてください。

答え：LN（33000 ／ 100）／（2023 − 1950）=7.9%

【問題その２】

問題その１の平均上昇率で今後 10 年間保有した場合、資産は何倍になりますか。

答え：EXP（0.079*10）=EXP（0.79）=2.2（倍）
※エクセルで EXP 関数を使えば、連続複利で何倍になるか、再現できます。

【問題その３】

生まれたとき 0.3 メートルの赤ん坊がすくすくと育ち 18 歳のときに 1.9 メートルとなりました。年率何％成長しましたか。

答え：LN（1.9 ／ 0.3）／ 18=0.103（年率 10.3％で成長した）

２）標準偏差について

標準偏差とは分散（後述）の平方根のことです。分散とは、各時系列データの平均からの乖離の２乗を累積してデータ数を引き、「１」で除したものです。

具体的に説明します。以下の4つのデータセットがあるとします。

1年目	2年目	3年目	4年目
3	6	10	20

　変化ではなく、"変化率"について求めることになるので、ひとつ少ない3つのデータセットとなります。一般に、N個の売上から（N－1）個の売上変化率が求められます。

　今回の年次時系列データ［3，6，10，20］という4つのデータセットの変化率の平均は、最初のデータである1年目を分母にして、最後のデータである20とその間の年数3年をベースに計算できて、LN（20/3）／（4－1）=0.6324となります。

　売上1年目をS（1）、2年目をS（2）、3年目をS（3）、4年目をS（4）とすれば、その売上の（年率）変化率は以下のようになります。

［LN（S（2）／S（1）），LN（S（3）／S（2）），LN（S（4）／S（3））］
=［LN（6／3），LN（10／6），LN（20／10）］
=［0.6931, 0.5108, 0.6931］

　この変化率のデータセット［0.6931, 0.5108, 0.6931］について「平均」と「標準偏差」を求めていきます。

　変化率のデータの「平均」は連続複利ベースの場合、以下のようになります。

$$（0.6931 ＋ 0.5108 ＋ 0.6931）／3 = 0.6324$$

高校で習うように LN（A/B）＝ LN（A）－ LN（B）ですので（以下の※参照）、先の値である LN（20/3）／（4 － 1）」と一致します。

※：｛LN（6／3）＋ LN（10／6）＋ LN（20/10）｝／3
　　＝ ｛LN（20）－ LN（3）｝／3
　　＝ LN（20/3）／3

　一方で、変化率の標準偏差は、まず変化率の分散を求めてから、分散の平方根を取ります。
　分散を求めるには、まずそれぞれの変化率と平均との差を 2 乗します。すると以下のようになります。

$$(0.6931 - 0.6324)^2 + (0.5108 - 0.6324)^2 + (0.6931 - 0.6324)^2$$

　さらに、これら（それぞれの変化率と平均との差を 2 乗したものの総和）を、変化率データセットの数から 1 を引いたもので割ります。このケースの変化率の数は「3 つ」ですから、3 から 1 を引けば 2 です。つまりデータセットの数を N（この場合は 3 つ）として分散とすると、以下の数式で求められます。

$$1／（N－1）｛（ひとつ目の変化率－変化率の平均）^2 ＋（2 つ目の変化率－変化率の平均）^2 ＋……＋（N 番目の変化率－変化率の平均）^2｝$$

　今回の例で言うと、以下になります。

$$= 1／（3－1）｛(0.6931 - 0.6324)^2 + (0.5108 - 0.6324)^2 + (0.6931 - 0.6324)^2｝$$
$$= 0.0108$$

この分散 0.0108 を平方（0.5 乗）した 0.1053（＝0.0108^0.5）が変化率データセットの「標準偏差」となります。

　この標準偏差を導き出すエクセル関数は、STDEV.S 関数です。不偏標準偏差と呼ばれるものです。やや難しい用語なのでわからなくても大勢に影響はしません。そういうものかと思っていただくだけで結構です。

　さて、下記は、エクセルの A1 から A3 のセルに変化率データセットを入力したものです。STDEV.S 関数を A4 セルで計算します。標準偏差は約 0.1053 となります。

LN(S(2)/S(1))	=LN(6/3)	0.693147
LN(S(3)/S(2))	=LN(10/6)	0.510826
LN(S(4)/S(3))	=LN(20/10)	0.693147

=LN(6/3)	0.693147
=LN(10/6)	0.510826
=LN(20/10)	0.693147
=STDEV.S(A1:A3)	0.105263

3）ここまでのまとめ

　業績データ（売上）を S（1）から S（N）まで N 個あるとします。業績の変化率は LN ［S（2）／S（1）］、……、LN ［S（N）／S（N－1）］の N－1 個あります。その変化率の平均 m は、以下の式になります。

$$m = \frac{\mathrm{LN}\ [\mathrm{S}\ (\mathrm{N})\ /\ \mathrm{S}\ (1)]}{\mathrm{N}-1}$$

全体を、業績データセットS（i）たちの総数Nから1を引いた数字でデータの変化率LN（S（i）／S（i－1））を出しました［ただし、S（i）はi番目の業績データとします］。変化率のデータ数はN－1個です。さらに分散を出すときには、さらに1を引くのでN－2で割ることになります。結論を言うと、分散s^2は以下の式になります。

$$s^2 = \frac{1}{N-2} \sum_{i=2}^{N} \left(LN\left(\frac{S(i)}{S(i-1)}\right) - m \right)^2$$

業績データS（i）：iは1からNまでのN個
S（i）の変化率であるLN |S（i）／S（i－1）|：N－1個
変化率の不偏分散の計算：2乗項を足したあとにN－2で割る

4）時系列のデータの変化率の特徴付けについて

売上の時系列データをまず変化率に直してから、ここまで紹介してきた「平均」と「標準偏差」を算出します。

対象とする時系列データ（売上）を「X」とするとき、「X」は変化率の平均には時間比例して増大し、時間の平方根に比例しつつ振動することがわかっています。

平均を時間比例のリターンと見なし、標準偏差を時間の平方根に比例するリスクと見なすのです。

統計的な概念	投資における概念
平均	時間に比例するリターン
標準偏差	時間の平方根に比例するリスク

リスクとは、想定されたリターンに届かない度合いを示します。

ここで、時間に比例するリターン［変化率の期待値］を統計学的に以下のように定義します。ただし、mは標本平均、sは標本標準偏差です。

$$m - \frac{s^2}{2}$$

これが結論です（結論に至るまでの詳しい解説は、結論を導き出すまでの数式も含めてかなり難しい話になるので、第3章末のコラム「時系列モデル」にまとめています。興味のある方はご覧ください）。時系列データの変化率の連続複利の平均を「m」とし、その標準偏差を「s」としたときに、「t」年間のリターンとリスクを求めるモデルは、以下のようになります。

$$\text{リターン：} \left(m - \frac{s^2}{2} \right) t$$

業績や株価の変化率のデータについては、標本標準偏差sが小さく、標本平均mが大きい企業はとても良いパターンとなります。

5）神の目を知る（将来のリターンとリスクの推定について）

　ある企業には、特有の本質的なものがあります。その本質は未知なものではありますが、その企業の過去の時系列データにはその本質が反映されているはずです。

　だからこそ、わたしたちは、過去の時系列データの変化率の連続複利の平均を「m」とし、その標準偏差を「s」としたときの、「t」年間のリターンを求めるモデルを学んできました（前ページ参照）。

　しかし、このモデルは、過去から現在までのリターンを評価するものに過ぎません。いわば、「人間の目」で見える範囲のものです。

　投資家のわたしたちに必要なのは“これから先”のリターンです。いわば「神の目（神に見えるもの）」が求められるのです。

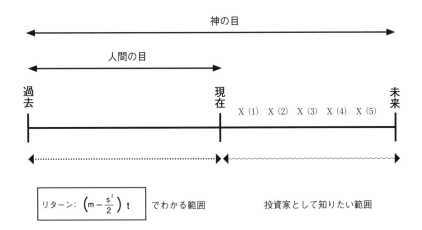

そのためには、どうするか。実は、よく知られている統計手法があります。

時系列データの標本は、取る時期（区間）によって異なります。標本平均や標本標準偏差は標本の取り方に依存することになるのです。標本の大元には母集団というものが存在して、その母集団には未知の平均や標準偏差が存在していると考えることが、統計上、できます。すなわち、**母集団の平均（母平均）と標準偏差（母標準偏差）という未知なるものを、実際の過去データの標本平均「m」と標本標準偏差「s」やデータの数から推察する**のです（詳しくは178ページのコラム参照）。

例えば、時系列の変化率を変量X（i）（Xは未知数）として、われわれが知りたいのは、今後5年間のXたちとします。つまり、われわれは「X（1）、X（2）、X（3）、X（4）、X（5）」の変化率が欲しい（前ページの図）とします。

ところが、これらは将来の値だから今の段階ではわかりません。そこで［X（1）＋X（2）＋X（3）＋X（4）＋X（5）／5］の期待値を考えるのです。

この期待値が「μ」です。μはギリシア文字でミューと呼びます。このμが母平均というものです。

また標準偏差から将来のリスクσを想定します。このσはギリシア文字でシグマと呼びます。σはX（i）たちの標準偏差です。このσが母標準偏差というものです。

ここからは、話が少し難しくなります。わからなくても大勢には影響しないので、178ページの結論だけ、覚えてください。

次にやることは、信頼区間を決めることです。信頼区間とは、教科

書的な説明をすると、「母集団の統計量（真の値）がある確率で収まる値の区間（範囲）」を指します。そして、この信頼区間でよく使われるものが「95%信頼区間」というものです。これは、「"真の値が含まれる範囲がこの区間（範囲）である"という確率が95%である」ことを意味します。

　以上にならって、統計的に95%の有意水準を設定すると、「μ」の範囲は以下になります。これが母平均の範囲となります。

$$\text{標本平均} \pm \frac{\text{T.INV.2T（0.05, 自由度）}^* s}{\sqrt{N}} \quad \cdots\cdots \text{公式A}$$

　「N」は標本の変化率の数です。自由度は標本数から1を引いた数（N－1）です（標本が過去10年なら、Nは10で、自由度は9となります）。「T.INV.2T」はエクセルの関数で「t分布の両側を逆算するもの」です。「s」は標本不偏標準偏差です。

　一方で、母標準偏差の推定ではエクセルのカイ（χ）2乗分布を示す関数を用います（以下）。

$$\text{=CHISQ.INV（0.025,N－1）} \quad \cdots\cdots \text{公式B}$$
$$\text{と}$$
$$\text{=CHISQ.INV（0.975,N－1）} \quad \cdots\cdots \text{公式C}$$

　知りたい母分散を「σ^2」として標本不偏分散を「s^2」とすると、

$$\frac{(N-1)s^2}{\sigma^2}$$

が自由度N－1のカイ（χ）2乗分布となることがわかっているため、最終的に、次の「σ 95%の信頼区間」を得ることができます。

下限母標準偏差

$$\sqrt{\dfrac{(N-1)s^2}{\text{CHISQ.INV}\,(0.975,N-1)}} \quad \text{……公式 D}$$

上限母標準偏差

$$\sqrt{\dfrac{(N-1)s^2}{\text{CHISQ.INV}\,(0.025,N-1)}} \quad \text{……公式 E}$$

　母平均や母標準偏差は、標本平均と標本標準偏差とサンプル数から算出できます。ただし、値がピンポイントで定まることはないため（ある1点で決まることはないため）、およその母平均や母標準偏差の区間を推定することになります。

　サンプル数が少ない場合は、区間が非常に大きくなってしまうため、実用的ではありません。投資においても過去のトラックレコードが少ない新規上場銘柄などの推定は非常に難しくなります（189ページのコラム参照）。

　では、実際に例を出して見ていきましょう。

（条件）

◎自由度9（N－1＝9）

　※サンプル数 N は 10。過去 10 年の時系列データの変化率

◎m（標本平均）は 0.10

◎s（標本標準偏差）は 0.3

まず、母平均の範囲を求めます。この条件での母平均の範囲は、公式Aに当てはめると以下になります。

【最も保守的な売上成長率＝μ_l】

$$m - \frac{\text{T.INV.2T}(0.05,\text{N}-1)^{*}s}{\sqrt{\text{N}}} \longrightarrow m - \frac{\text{T.INV.2T}(0.05,9)^{*}s}{\sqrt{10}}$$

$$\longrightarrow 0.10 - \frac{2.26 \times 0.3}{\sqrt{10}} \longrightarrow 0.10 - 0.21$$

$$\longrightarrow -0.11$$

【最も楽観的な売上成長率＝μ_h】

$$m + \frac{\text{T.INV.2T}(0.05,\text{N}-1)^{*}s}{\sqrt{\text{N}}} \longrightarrow m + \frac{\text{T.INV.2T}(0.05,9)^{*}s}{\sqrt{10}}$$

$$\longrightarrow 0.10 + \frac{2.26 \times 0.3}{\sqrt{10}} \longrightarrow 0.10 + 0.21$$

$$\longrightarrow 0.31$$

　このように（「-0.11から0.31」というように）、非常に広いレンジになります。
　一方で、母標準偏差については、N-1=9　m=0.1　s=0.3の場合、公式Bと公式Cにそれぞれ当てはめると、以下になります。

CHISQ.INV（0.025, 9）=2.7,
CHISQ.INV（0.975, 9）=17.0

結局、この数値を公式Dと公式Eに当てはめると、以下の式から、母標準偏差のレンジは、「0.22、0.55」になります。

【最もリスクが低い設定＝σ_l】

$$\sqrt{\frac{(N-1)s^2}{CHISQ.INV\,(0.975, N-1)}} \rightarrow \sqrt{\frac{9 \times 0.3 \times 0.3}{17.0}}$$

$\rightarrow$ 0.22

【最もリスクが高い設定＝σ_h】

$$\sqrt{\frac{(N-1)s^2}{CHISQ.INV\,(0.025, N-1)}} \rightarrow \sqrt{\frac{9 \times 0.3 \times 0.3}{2.7}}$$

$\rightarrow$ 0.55

　母平均の下限（最も保守的な売上成長率）を「μ_l」として、母標準偏差の上限（最もリスクが高い設定）を「σ_h」として適用したときに、以下の式（最も売上成長率が低く、最もリスクが高い"最悪"パターン）が導き出されます。本書では、これをグロースリターン（変化率の期待値）と定義します。

$$\mu_l - \frac{\sigma_h^2}{2}$$

そして、以下のように、グロースリターン（変化率の期待値）が「正」になる場合は、最悪のケース（かなり厳しい条件）で考えたとしてもプラスになるという意味で、長期投資の案件として適していると言えるでしょう（183ページのコラム参照）。これをグロースリターン判別式（＝「判別式　その1」。後述）と定義します。この式が結論です。

【結論】
$$\mu_I - \frac{\sigma_h^2}{2} > 0$$

コラム：母平均や母標準偏差を将来の想定に使う理由

　母平均や母標準偏差を将来の想定に使っている理由について解説します。

　ある企業が存在し、その企業の業績、例えば増収率というものが、ある母集団という箱に入っているとします。

　母集団とは、いわば、人間には未知の"将来の業績の変量が入った箱"のようなものです。その変量を箱から取り出すときにはじめて、人間はその実現値がわかるのです。いわば、その箱は神様が差配する箱と言えるのです。

　神様の箱の中には、ある分布に従う将来の変動率を書いたカードが入っています。その母集団のカードのバラツキ具合（分布の状態）は、ある未知の母平均と母標準偏差に従っています。

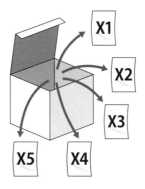

　事例として、今後5年間の増収率を想定するとします。わたしたちは箱からランダムに5枚のカードを選ぶことを考えます。それらをX1からX5までとします。これらはその企業の未来の増収率です。ただし、その実現値がすべて明らかになるのは5年後の未来です。

　今後5年間の累計の増収幅はX1からX5までを足したものになると考えます。つまり、今の売上のEXP（X1からX5までの和）倍が、5年後の売上になると想定されるのです。

　ところが、今、われわれ人間にはそのXたちの値は変量としてしかわからず、確定することはできません。わたしたちの未来を予測する想像力と、わたしたちの知識を使って推定することしかできないのです。

　増収率というものを想定するとき、それが1万％になったり1億％になったりはしません。おおむね1桁パーセントになって出現してきます。さまざまな企業の、さまざまな年の増収率を観測するとき、それが米国の企業であっても、日本の企業であっても、企業業績というものは概ね1桁パーセン

トの増収率に留まるものであることが想定されるのです。

　なぜかといえば、企業の社員数がいきなり100倍になったり1億倍になったりすることはないからです。顧客数もいきなり1兆倍になったりすることはありません。同じ社員、同じ顧客を相手に、毎年同じような商品を売っているのが実情なのです。

　さて、5年後には今の売上のEXP（X1 + X2 + X3 + X4 + X5）倍になりますが、今の段階では、人間にはさっぱりわかりません。Xたちは変量であり、今はまだ未知のものだからです。

　しかし、箱を差配している神様には将来がはっきりと予見できています。一方で、人間には「その箱がどういうものか」を統計学によって推定することはできるのです。

　神様には、これらXたちの平均（X1 + X2 + X3 + X4 + X5）／5がわかっています。そのXの平均の期待値を「μ」とします。今後5年の期待値μは母集団の特徴として神様がμであると定めているからです。それはバラツキを持って平均μのまわりに標準偏差σのブレをランダムに持つ箱なのです。

　μの5倍である5μがわかれば、5年後の売上はEXP（5μ）倍になるでしょう。このμをXの平均の期待値とします。そのとき、分散も5倍の「σ^2」が変動具合の目安となります（各Xは独立なため）。

詳しくは、統計学の教科書（251ページに参考図書を掲載）を参考にしてください。

一般に、以下のことが言えるとされます。

５つのＸたちの平均の期待値は母平均「μ」と一致
５つのＸたちの平均の分散は母分散「$\sigma^2 / 5$」と一致

したがって、Ｎ年後（Ｎ個）のＸたちの平均の分散であれば、「σ^2 / N」と一致します。

神様の箱のカードの特徴を推定するにあたって、Ｎ個分のＸたちの平均の期待値を母平均μとします。そのとき、以下の変量Ｔは、自由度Ｎ－１のｔ分布に従うことが知られています。

$$T = \frac{X - \mu}{\left(\dfrac{S}{\sqrt{N-1}} \right)}$$

※ただし、$S^2 = \dfrac{1}{N} \displaystyle\sum_{i=1}^{N} (X_i - \overline{X})^2$

このＴという変量を構成している要素がμであって、そのμは、Ｔを決めれば逆算で求められます。わたしたちはＴが確率的に分布してその95％の範囲内でのＴの値を計算して、母平均の推定区間を算出したのです。

ｔ分布は、統計学ではよく知られています。金融の現場でよく使うものです。本書では、母平均の区間推定に用いました。

同様に、Xが変量のとき、Xの分散は、自由度N−1の
カイ（χ）2乗分布に従うことが知られています。Xの分散
はカイ（χ）2乗分布をXの平均の分散で割ったものになり
ます。ここも統計学の教科書をご参照ください。

　要するに、標本平均と標本標準偏差とt分布とカイ（χ）
2乗分布の確率密度関数から逆算されたのが母平均の区間で
あり、母標準偏差の区間なのです。

　この母平均と母標準偏差は、過去のサンプルから推定さ
れた本来の分布の特徴量（予測の手がかり）といえます。つ
まり普遍的なもので、将来の想定に転用できるのです。

　わたしたちは、神様ほど、将来のことはわかりませんが、
統計学を通して、神様の目から見た変量Xたちの未来を垣間
見ることに成功したのです。人間は神様にはなれません。そ
れでも、神様の箱の中身を統計的手法によって推察すること
ぐらいはできるのです。区間推定の手法によって、過去の実
現値である標本データが、未来を占うリターンやリスクへの
質的変換を遂げるわけです。この推定値 μ や σ を将来の業
績や株価の想定に使うことは間違ってはいないのです。

　すなわち、過去の標本から未来のリターンとリスクが推
定できるようになるのです。

コラム：どの期待値を使うべきか

　区間には、最小値と最大値が存在しています。

　母平均の最小値を「μ_l」として、最大値を「μ_h」とします（以下の図参照）。

┌─────────────────────────────────┐
│　　　**μ（リターン）の95%信頼区間**　　　│
└─────────────────────────────────┘
　　μ_l(最小値)　　　　　　　　　　　　　　　　μ_h(最大値)

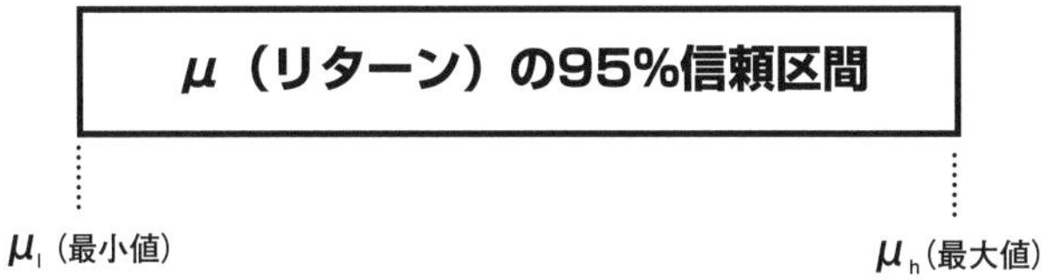

サンプル数とmとsから「μの95%信頼区間」が推定できる

　同じように、母標準偏差の最小値を「σ_l」として、最大値を「σ_h」とします（以下の図参照）。

┌─────────────────────────────────┐
│　　　　**σ（リスク）の95%信頼区間**　　　│
└─────────────────────────────────┘
　　σ_l(最小値)　　　　　　　　　　　　　　　σ_h(最大値)

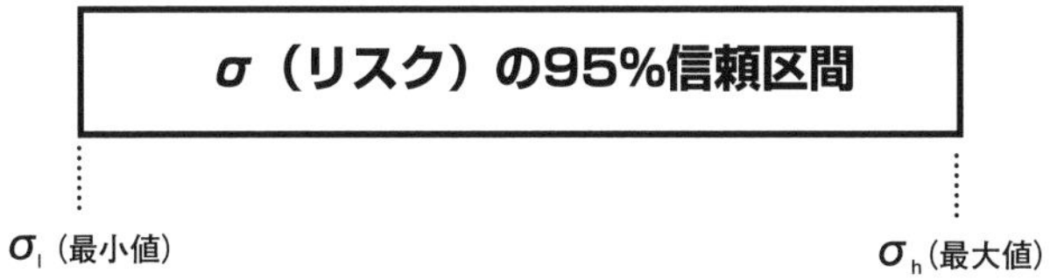

サンプル数とsから「σの95%信頼区間」が推定できる

将来の時系列データの変化率の期待値として、もっとも保守的な想定は、以下になります。

$$\mu_l - \frac{\sigma_h^2}{2}$$

　将来期待値として中立な想定は、以下になります。

$$\mu - \frac{\sigma^2}{2}$$

　これらの数字を、「（これが）正解だ」というように、人間が正しく知ることはできません。だから、区間（幅）を設けたのです。その区間のどこかには真の数字が入る（厳密には95％の確率で入る）からです。

　上記の保守的な想定は厳選された条件なので、銘柄を見つけにくいときは、標本平均ｍと標本標準偏差ｓを用いて、以下の式の値を中立的な想定として代用してもよいでしょう（次ページの補足説明参照）。

$$m - \frac{s^2}{2} \qquad ※ \ \mu_m - \frac{\sigma_m^2}{2} \ \text{の中立的な値}$$

　もちろん、もっとも楽観的な想定は、以下になります。

$$\mu_h - \frac{\sigma_l^2}{2}$$

先述したように、時系列データの標本値は値を取る期間に
よって大きく違ってきます。その違いを吸収するために、区
間推定という統計的手法を用いて、真のあるべき平均値「μ」
とその標準偏差「σ」の区間を推定したのです。

　世の中にたとえ数千、数万の投資対象があっても、10程
度の例外的に良い企業を選べば、それでポートフォリオは構
成できます。そうなるとやはり、以下のような保守的な想定
で考えたときの「変化率の期待値」が正となるような投資対
象を見出すのがよいと考えます。

$$\mu_l - \frac{\sigma_h^2}{2} > 0$$

(補足説明)

　母平均をμとし、母標準偏差をσとして説明しましたが、わたした
ちには、これら値は未知であるため、次善の策として、統計的推定に
よる区間推定を行ったのです。具体的には区間最小値と最大値を計算
しました。それらがμ_lやμ_h、σ_hやσ_lでした。

　さて、区間には、必ず中間地点が存在します。それらをμ_mとσ_mと
します。このμ_mは定義から標本平均mと同じものです。しかし、σ_m
とsとは同じ値とはなりませんが、近いものです。したがって、区間
の中間値であるμmとσmをmとsと見なすこともできます。つまり、
「m$-$s^2/2」を「$\mu_m - \sigma_m^2/2$」とみなしてもよいと考えます。

~第3節~
将来の売上（T年後）を
想定するときの手順（流れ）

　第2節の話は複雑でしたので、本節では、最初にその手順を簡単に振り返りつつ、将来の売上を想定する手順（流れ）を紹介します。

1）手順　その1

　時系列の生データ（例えば売上）となる S（i）たちを入手。i は 1 から N までの N 個を指す。

2）手順　その2

　生データを変化率データ（連続複利 LN データ）に変換する。LN［S（i＋1）／ S（i）］たちが該当。変化率のデータ（標本数）は N－1 個。自由度は N－2 個。

3）手順　その3

　変化率の標本平均 m（標本平均）と標本標準偏差 s（標本標準偏差）の算出。m はエクセル AVERAGE 関数（データの平均を計算する関数）で算出。s はエクセル STDEV.S 関数で算出する。

4）手順　その4

　統計的な母平均と母標準偏差の区間を推定する。

　母平均の最小値 μ_l を推定すると、以下のようになる。

$$\mu_l = \frac{m - \text{T.INV.2T}\ (0.05, N - 2)\ {}^* s}{\sqrt{N - 1}}$$

　母標準偏差の最大値 σ_h を推定すると、以下のようになる。

$$\sigma_h = \sqrt{\frac{(N - 2)\ s^2}{\text{CHISQ.INV}\ (0.025, N - 2)}}$$

　解釈として、以下の式（変化率の期待値）が「正（ゼロよりも大きい）」であることが長期投資の案件としてふさわしい（＝「判別式　その1」＝グロースリターン判別式。第6節で後述）。

$$\mu_l - \frac{\sigma_h^2}{2} > 0$$

　なお、下記［将来の（売上などの）変化率の期待値］をグロースリターンと定義する。ここまでがおさらい。

$$\mu_l - \frac{\sigma_h^2}{2}$$

ここからは、少し話を進める。T年後の（売上などの）変化率の期待値（T年後のグロースリターン）は、以下になる。

$$\left(\mu_1 - \frac{\sigma_h^2}{2}\right)T$$

さらに、以下をグロースリターンファクターと定義する。

$$\mathrm{EXP}\left\{\left(\mu_1 - \frac{\sigma_h^2}{2}\right)T\right\}$$

①　〜〜〜〜〜
②　〜〜〜〜〜〜〜〜〜

① 変化率の期待値：$\mu_1 - \dfrac{\sigma_h^2}{2}$

② リターン：$\left(\mu_1 - \dfrac{\sigma_h^2}{2}\right)T$

すると、T年後の時系列データは、以下の通りになるであろうと推察できる。

$$\mathrm{EXP}\left\{\left(\mu_1 - \frac{\sigma_h^2}{2}\right)T\right\} \text{倍以上}$$

以上から、T年後の売上は以下の式で想定できる。

$$S(T) = S(0) \times \text{グロースリターンファクター}$$

$$= S(0)\,\mathrm{EXP}\left\{\left(\mu_1 - \frac{\sigma_h^2}{2}\right)T\right\}$$

※S（T）：T年後の売上
　S（0）：現在の売上

コラム：標本数と母平均と母標準偏差との関係

　本文では、母平均の最小値「μ_l」と母標準偏差の最大値「σ_h」を用いることで、**極めて保守的な将来想定（かなり厳しい基準の将来想定＝厳選された将来想定）**をすることになりました。

　逆に、母平均の最大値を「μ_h」とし、母標準偏差の最小値を「σ_l」としてこの2つを将来のベストケースとして採用するとどうなるでしょうか。

　結論から言うと、「極めて楽観的な見通し」になります。ちなみに、母平均の推定区間の最大値は以下で計算します。

$$\mu_h = m + \frac{\text{T.INV.2T} \ (0.05 \ , \ N-2) \ ^*s}{\sqrt{N-1}}$$

　※1：Nは売上の標本数、N−1はその変化率の標本数、N−2は自由度
　※2：過去の売上がN個あるときに、その変化率はN−1個になりますが、前出の174ページの公式では、売上の変化率をN−1個ではなくて、N個として説明しました

　また、母標準偏差の推定区間の最小値は以下で計算します。

$$\sigma_l = \sqrt{\frac{(N-2) \ s^2}{\text{CHISQ.INV} \ (0.975, N-2)}}$$

　この最大値と最小値から中央値を作ることができます。それを μ_m と σ_m として、それぞれ、μ_m は標本平均「m」として、

「σ_m^2」は標本標準偏差「ｓ」とします。

◆時系列変化率の期待値 μ（母平均）の95%信頼区間の最小値

$$\mu_l = m - \frac{\text{T.INV.2T}(0.05 , N-2)^* s}{\sqrt{N-1}}$$

◆時系列変化率の期待値 μ（母平均）の95%信頼区間の最大値

$$\mu_h = m + \frac{\text{T.INV.2T}(0.05 , N-2)^* s}{\sqrt{N-1}}$$

◆リスク（母標準偏差）の最大値

$$\sigma_h = \sqrt{\frac{(N-2)s^2}{\text{CHISQ.INV}(0.025, N-2)}}$$

◆リスク（母標準偏差）の最小値

$$\sigma_l = \sqrt{\frac{(N-2)s^2}{\text{CHISQ.INV}(0.975, N-2)}}$$

◆利益の中央値

$$\mu_m = m$$

◆母分散の中央値

$$\sigma_m = s$$

　母平均も母標準偏差も標本数の多さによって母集団の推定値が変わってきます。例えば、標本平均 m = 10% で、標本標準偏差 s = 5％ のときの「母集団の推定値とデータ数との関係」は次ページの表のようになります。

　例えば、IPO 銘柄の場合、その業績データは限られます。そうなると、μ_l は大きなマイナスの値になりやすく、σ_h は極めて大きな値になってしまいます。

　一方で、μ_h はとても高いものになり、σ_l は標本平均よりも低くなります。

　データ数が多ければ多いほど、母平均と母標準偏差は標本平均と標本標準偏差に近づいてきます。設立間もない IPO 企業などは、ハイリスク・ハイリターンとなりやすくなる一方、トラックレコードが長い企業の場合は、区間推定の幅が狭くなるため、投資の成果が予見しやすいのです。

変化率のデータ数 M	3	5	7	10	15	20
自由度	2	4	6	9	14	19
母平均の推定最小値 μl	-5.2%	3.1%	5.0%	6.2%	7.1%	7.6%
母平均の推定最大値 μh	25.2%	16.9%	15.0%	13.8%	12.9%	12.4%
母標準偏差の推定最大値 σh	31.4%	14.4%	11.0%	9.1%	7.9%	7.3%
母標準偏差の推定最大値 σl	2.6%	3.0%	3.2%	3.4%	3.7%	3.8%
$\mu l - \sigma h^2/2$(ワーストケース)	-10.1%	2.0%	4.4%	5.8%	6.8%	7.3%
$\mu h - \sigma l^2/2$(ベストケース)	25.2%	16.9%	14.9%	13.7%	12.8%	12.3%
$\mu m = (\mu h + \mu l)/2$	10.0%	10.0%	10.0%	10.0%	10.0%	10.0%
$\sigma m = \{(\sigma l^2 + \sigma h^2)/2\}^0.5$	22.3%	10.4%	8.1%	6.9%	6.1%	5.8%
$\mu m - \sigma m^2/2$(通常シナリオ)	7.5%	9.5%	9.7%	9.8%	9.8%	9.8%

【補足：「判別式　その1」のS評価とA評価について】

　以下の式（表のワーストケース＝厳選された基準）を満たすものを「S評価」とします。極めて厳しい条件をクリアした優良案件です。

$$\mu_l - \frac{\sigma_h^2}{2}$$

　以下の式（表の通常シナリオ）を満たすもの「A評価」とします。長期投資に適しています。

$$\mu_m - \frac{\sigma_m^2}{2}$$

～第4節～
資本コストの話

　ここまではリターンについての話を紹介してきましたが、本節では、リスクについて、解説していきます。具体的には「資本コスト（後述）を考慮して、ここまで調べた想定リターンに到達しない可能性を考え、その分を割り引いて考えていく」という話を展開していきます。リスク（資本コスト）を考慮することで、かなり厳選した銘柄選びになっていきます。

１）資本コストについて

　経済の時折の混乱や政治リスクや事業リスクがあるため、投資家は資本コストというものを投資対象に設定します。

　歴史的に資本コストは７％程度と言われています。資本コストはリスクフリーレート（将来の平準的な国債の利回り）に、その企業の将来キャッシュフローに対するリスクプレミアムを足し合わせたものです。

資本コスト＝リスクフリーレート（国債利回り）＋リスクプレミアム

　何もしなくても国債（リスクフリーレート）の利回りが２％程度あるのであれば、投資家は最低でも２％のリターンは確約されています。ですから、資本コストは国債の利回りを上回るものでなければな

りません。

　リスクプレミアムについては、事業内容によって異なってきます。またシェアによっても異なります。

　例えば、生活必需品で安価な商材を提供する企業の資本コストは低く、高価な耐久消費財や生産財を提供する事業のリスクプレミアムは高くなります。

　一方、シェアが圧倒的に高い企業のリスクプレミアムは低くなります。

　また、社会的に問題のある風俗やギャンブル、節税関連の事業のリスクプレミアムは高くなります。かつて、消費者金融が20％を超える利回りでローンを提供していましたが、こうした社会的に問題がある事業については、法的規制の対象となってしまうでしょう。法律一本で事業が消滅してしまうかもしれません。

2）なぜ、割り引くのか？

　資本コストについて、もう少し掘り下げてお話しします。

　投資家は投資対象の不確実性を補うために、将来の企業の想定キャッシュフローについては、一定の値を参考に、あらかじめ割り引いて換算します。例えば、とても不確実な1年後の100円であれば70円ぐらいに割り引くことがあります。

　一方で、確実なものについては、リスクフリーに近いレートで換算することがあります。

　ところで、リスクの高い事業の1年後のキャッシュフローを大きく割り引く必要があるのはなぜでしょうか。その話について紹介します。

　リスクが高いということは、それだけ業績にブレが生じてしまうと

いうことでもあります。最悪の場合、想定していた業績に大きく届かない恐れも出てきます。その最悪のケースを考えて、その分、事前に割り引いておくのです。

逆に、リスクの低い事業では、業績のブレもほとんどなく、安定性があるため、必要以上に割り引かなくてもよい、という話になります。

ここで割り引くとはどういうことか、説明します。

まず、前提条件として、資本コストを「r」とします。このrで割り引くということは、EXP（r）で将来のキャッシュフローを割るということと同義です。同様に、T年後のキャッシュフローはEXP（rT）で割ることになります。

例えば、資本コスト10％で10年後のキャッシュフローを割り引けば、EXP（0.1*10）＝EXP（1.0）＝2.72倍で割ることになります。

ここで「1/EXP（r）」は「EXP（－r）」と同じことですので、T年後のキャッシュフローをEXP（－rT）倍したものが、その現在価値（それ以下であれば投資に値するもの）となります。

$$\text{EXP}（- rT）= \frac{1}{\text{EXP}（rT）}$$

資本コストとは、簡単に言ってしまえば、費用のようなものです。ですから、投資案件のリターンが資本コストを上回るとき、投資家は投資を行う用意ができる、ということになります。

リターン＞資本コスト

資本コストはハードルレートとも呼ばれます。この資本コストの想定は投資家にとって非常に重要なものになります。あまり慎重になりすぎて資本コストを高めに設定すると、投資できる案件とは滅多に出合わないことになり、低めに設定しすぎると、長期リターンが犠牲になります。

3）リスクプレミアムを割り引く（第1段階）

ここからは、具体的な話になっていきます。

先ほど「リスクフリーレートとリスクプレミアムとを足したものが資本コストとされています」という説明をしました。それはその通りなのですが、わたしたちは、この2つを単位の違うものとして、別々に扱うことにしたいと思います。

まずリスクプレミアムについて考えます。企業に特有のリスクプレミアムとは、一般的に、資本コストの中の多くを占めるものと考えられています。

この「リスクプレミアムが何なのか」を理解するために、「株価変動率の標準偏差（ボラティリティ）」を用いてみようと思います。

株価変動率の場合、その形は正規分布ではなく、ロングテール気味になりますが、正規分布同様、平均からプラスとマイナスの標準偏差1以内に全体の7割以上の事例が含まれることが観測されています（次ページ上段の図参照）。

平均リターンに届かない確率はおよそ5割（2分の1）あります。そして、平均に届かない事象の重心は、平均から標準偏差の3分の2にかけて位置しています（次ページ上段の図の波線）。確率2分の1と、左側の重心である標準偏差の3分の2を掛けると標準偏差の3分の1になります。これが「期待以下に終わる場合の代表」で、大まかではありますが、それをリスクプレミアムと解釈することもできるのです。

【正規分布】

平均値＝最頻値＝中央値であり、その軸を中心に左右対称

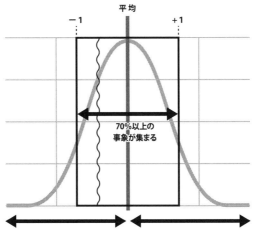

【ロングテール】

対象とする分布（ヒストグラム）が、正規分布よりもすそ野が広がっている状況

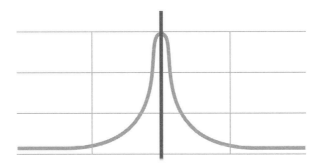

以下のグラフは、縦軸が投資リターンの確率密度関数の「確率密度」で、横軸が「リターン」の変動率です。

◆分布（左側）とその重心

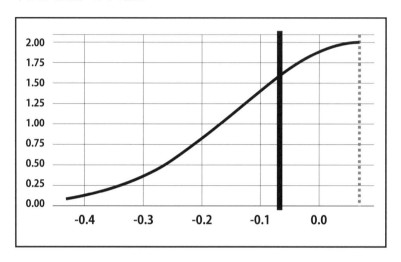

このグラフは株価変動率の分布の左半分だけを切り取ったもので、期待値が右の縦の黒い点線です。平均リターンに達しない事象を考えたときのリターンの正規分布の左側の平均より左側の釣鐘内部を足すと、確率2分の1となります。

平均は7％として、標準偏差を21％としたとき、－7％弱［平均－標準偏差×3分の2＝7％－（21％×3分の2）＝7％－14％＝－7％］に当たる黒い実線が、左半分側の重心に当たります。グレーの点線から黒い実線までのリターンになる確率が4分の1。黒い実線からさらに左側のリターンとなる確率も4分の1になる境界に黒い実線を描いたもので、ここに資本コストが存在すると仮定するわけです。結論を言うと、「期待に届かない」という事象を全部集めたときの代表選手が"黒い実線君"ということになります。

市場の株価は、資本コスト分だけは、あらかじめ、想定される期待値よりも割安に値付けされている、ということです。不確実性のあるものは期待値よりもある程度の損を補償してもらえるぐらいの割安さで取引されるのです。

　「標準偏差（ボラティリティ）の3分の1をリスクプレミアムとして考えてもよい」とわかったところで、ここからが肝心な話になります。例えば、16年という年月を資産形成に充てるとすると、16年後の資産の期待値とその不確実性はどの程度になるでしょうか。

　リターンは16年分ですから、成長率の16倍になります。ところが、不確実性は時間の平方根に比例するので4倍にしかなりません。

　別の例を出します。6％の成長率（平均）と8％の資本コスト（標準偏差の3分の1）の場合だと、その16年分は、96％のリターン総計（6％×16年）と、32％のリスク総計 ［8％×$\sqrt{16}$（＝4）］になります。平均と標準偏差の比率は3倍に大幅に改善します。

　ここでもう少し議論を精密にしなければならなくなりました。

　「標準偏差（ボラティリティ）の3分の1が資本コストになっている」というのは、先述したように、現実的には大まかな感覚にすぎません。本章の第7節で紹介しているように、実際には、アクティブ運用者は独自で企業業績を想定し、独自の資本コストを用いています。CAPM理論や証券アナリスト協会の教科書では、期待収益率（投資家が期待する収益）のことを資本コストと定義しています。

　ただ、この場合のコストは時間比例で、本書の立場である「リスクは時間の平方根に比例する」という仮定とは違います。

リスクフリーレートとは、国債の利回り、あるいは短期無担保コー

ルのようなものです。年率で無リスクに近い形で投資家が運用できる
ものです。これは、**時間に比例**します。

　一方で、本書における**リスク**とは、期待に届かない事象の合理的な
損失補償料であり、標準偏差をもとに算出したものです。長期投資本
来の考え方であれば、**時間の平方根に比例**するものです。

　例えば9年間運用した場合、9年累計で平均（リターン）は9倍にな
りますが、標準偏差（リスク）は3倍にしかなりません。6％のリター
ンと8％のリスクだとすると、累計では54％（6％×9倍）のリターン
に対してリスクは24％（8％×3倍）で済むわけです。

　さて、結論です。「標準偏差（ボラティリティ）の3分の1をリス
クプレミアムとして考えてもよい」ということと、「リスクプレミア
ムは時間の平方根に比例する」というところから、以下が導き出され
ます。<u>本書では、これを投資の「質」を左右するものとして「クオリ
ティリスク」</u>と定義します。

$$- \frac{\sigma_h}{3} \sqrt{T}$$

4）リスクフリーレートを割り引く（第2段階）

　次に調べるのは、リスクフリーレートです。こちらは簡単です。

　先に話が出てきているように、リスクフリーレートとは、国債の利
回り、あるいは短期無担保コールのようなものです。

　こちらは、時間に比例するので、リスクフリーレートをfとして、
時間をTとすると、以下のようになります。

$$-fT$$

5）資本コストのまとめ

本書では、リスクプレミアムとリスクフリーレートを割り引くという考え方を推奨していますので、結論として、資本コストの割引率は以下になります。

$$\mathrm{EXP}\left(-\frac{\sigma_h}{3}\sqrt{T}\right)\mathrm{EXP}(-fT)$$

第3節の話と絡めると、リターンとリスクの総合的な結論は以下になります。

$$\mathrm{EXP}\left\{\left(\mu_l-\frac{\sigma_h^2}{2}\right)T\right\}\mathrm{EXP}\left(-\frac{\sigma_h}{3}\sqrt{T}\right)\mathrm{EXP}(-fT)>1$$

$$\underbrace{}_{\text{リターン}}\quad\underbrace{}_{\text{資本コスト（リスク）}}$$

かなり保守的に見積もった上記の式で導かれた数字が「1」を超えているようであれば、長期投資に値すると判断できます。

さて、世の中を見渡せば、長期にわたって投資をしている人が大きな成果を上げていることがわかるでしょう。保有を忍耐強く継続することが大事なのです。

この点、個人の投資家の資産形成は機関投資家の「ドンパチ運用」よりも確実なものになります。機関投資家はどうしても年間のパフォーマンスで勝負しますので、「相場の当てっこゲーム」ばかりしてしまうのです。そうなると、市場のブレを利用したくなり、ナンピンや利食いを頻繁に繰り返すことになります。例えば、1カ月という

短期で考えれば、年率の１／12と、リスク（標準偏差）は１／√12
（≒１／3.41）にしか小さくなりません。リターンとリスクの関係は
かなり悪いものになります。早すぎるナンピンは事態を悪化させま
す。得られる平均と標準偏差の比率は１を大きく下回るものになりが
ちです。

~第5節~
これまでのまとめ

　これまでのまとめです。売上の変化率からその母平均 μ と母標準偏差 σ を標本平均と標本標準偏差と自由度から区間推定しました。もちろん、売上変化率以外にもさまざまな時系列データが存在します。株価のデータや配当のデータにも、同様に、母平均や母標準偏差の推定が使えますが、本書では、主に売上の変化率の時系列データを採用してきました。

　機関投資家の現場における業績想定では、全社の売上を算出する前に、事業セグメントごとに売上を想定していきます。特に重要であると思われる主力商品を数量と価格に分解して算出します。

　しかし、この作業はプロフェッショナルとしての証券アナリストが長い時間をかけて行う調査業務であり、個人投資家が容易に真似できることではありません。

　そこで本書では、投資の初心者であっても、クオリティ・グロース銘柄の発掘を可能にする話にしたいと思いました。その理由から、手に入りやすい全社の売上の変化率を対象としています。

　具体的には、将来の売上の想定に母平均をベースにした成長を用いたうえで、母標準偏差をベースにしたリスクを勘案していきます。さらに、リスクフリーレートを用いて現在の価値に割り引くということをしていきます。

そのために、以下の概念を準備してきました。この考え方を使えば、売上の時系列データさえあれば誰でも分析できるようになります。

下準備として、前述の手順にあるように、過去のＴ年間から母平均の最小値 μ_l と母標準偏差の最大値 σ_h を推定します。今後の想定年数と過去の標本年数を一致させます。

１）グロースリターンファクターの推定

想定されるＴ年後の売上を算出するため、以下のグロースリターンを使います。

$$\left(\mu_l - \frac{\sigma_h^2}{2} \right) T$$

そして、Ｔ年後の想定売上を計算するためのグロースリターンファクターを以下とします。

$$\mathrm{EXP}\left\{ \left(\mu_l - \frac{\sigma_h^2}{2} \right) T \right\}$$

※クオリティ・グロース銘柄の売上のグロースリターンファクター

つまり、Ｔ年後の売上であるＳ（Ｔ）は、今の売上Ｓ（０）にグロースファクターを掛けたものになります。

$$S(T) = S(0)\,\mathrm{EXP}\left\{ \left(\mu_l - \frac{\sigma_h^2}{2} \right) T \right\}$$

※Ｔ年後の売上＝今の売上×グロースリターンファクター

2）クオリティリスクファクターの推定

　次に、想定以下になる確率リスクを合理的に織り込むためのディスカウントファクター（リスク）を調べます。具体的には、クオリティ・グロース投資における業績の下振れリスクを、クオリティリスクとして以下のように定義します。

$$- \frac{\sigma_h}{3} \sqrt{T}$$

※これは CAPM 理論における「リスクプレミアム × T」に相当

　また、以下をクオリティリスクファクターとします。

$$\mathrm{EXP}\left(- \frac{\sigma_h}{3} \sqrt{T}\right)$$

　また、T 年後の売上をリスクフリー「f T」で割り引くディスカウントファクターをリスクフリーファクターとします。

$$\mathrm{EXP}(-\ fT)$$

　つまり、本書における資本コストとは時間による関数であることから、本書では資本コストを「クオリティリスク（時間の平方根に比例）＋リスクフリー（時間に比例）」と定義します。数式にすると以下になります。

$$\frac{\sigma_h}{3} \sqrt{T}\ +\ fT$$

まとめると、本書における将来の想定キャッシュのディスカウント
ファクター（資本コストによる割引率）は以下になります。

$$\text{EXP}\left(-\frac{\sigma_h}{3}\sqrt{T}\right)\text{EXP}(-fT)$$

※クオリティリスクファクター×リスクフリーファクター

3）結論

　T年後の想定売上を、本書の提唱する資本コストで割り引いて現在
価値に直したものは以下の通りです。以下の不等式が成り立てば、想
定投資期間 T において、資本コスト（クオリティリスクとリスクフ
リーレートの和）をグロースリターンが上回っていることを示します。

$$\text{EXP}\left\{\left(\mu_l-\frac{\sigma_h^2}{2}\right)T\right\}\text{EXP}\left(-\frac{\sigma_h}{3}\sqrt{T}\right)\text{EXP}(-fT)>1$$

グロースリターンファクター×クオリティリスクファクター × リスクフリーファクター

　ここまでの話をまとめると、次ページの表になります。

グロースリターン	$$\left(\mu_{\text{l}} - \frac{\sigma_{\text{h}}^{2}}{2}\right)T$$	T年後の売上（※）変化率の期待値 ※配当など、売上以外も可
グロースリターンファクター	$$\text{EXP}\left\{\left(\mu_{\text{l}} - \frac{\sigma_{\text{h}}^{2}}{2}\right)T\right\}$$	T年後の売上（※）の期待値 ※配当など、売上以外も可
クオリティリスク	$$-\frac{\sigma_{\text{h}}}{3}\sqrt{T}$$	期待値に届かないリスクを定量化したもの（リスクプレミアム）
クオリティリスクファクター	$$\text{EXP}\left(-\frac{\sigma_{\text{h}}}{3}\sqrt{T}\right)$$	T年後の業績の下振れリスク
リスクフリーレート	$$-fT$$	T年間の無リスク資産の利回りの累計
リスクフリーレートファクター	$$\text{EXP}(-fT)$$	T年後の売上をリスクフリー「fT」で割り引くディスカウントファクター

~第6節~
本章の結論
~クオリティ・グロース判別法~

　クオリティ・グロース投資の要件を満たすために読者が行うべきことは、以下のことです。

①需要が大きく、供給が小さい、代替リスクの小さい商品を見出すこと
②そのような商品市場においてシェアが高い企業を特定すること

　ただ、これらについても、証券アナリストの仕事ですから、投資の初心者が容易にできることではありません。過去の売上のデータを見て、以下の不等式が成立するかどうかをチェックするだけでも有効な判別方法になるはずです。

1）判別式　その1：グロースリターン判別式

　グロースリターン判別式は以下の通りです。

$$\mu_l - \frac{\sigma_h^2}{2} > 0$$

※厳密には、f（リスクフリーレート）よりも
グロースリターンのほうが大きいことが好ましい

　μ の区間推定最小値と σ の区間推定最大値を用いたグロースが正であれば、クオリティ・グロース銘柄に該当する可能性が大きくなります。

このグロース要件を満たすようなものは長期投資の対象とできるでしょう。過去の売上があれば、特典のエクセルシートから誰でも計算できます。

２）判別式　その２：クオリティ・グロース判別式

リスクよりもリターンのほうが高いことをチェックする式です。

$$\left(\mu_l - \frac{\sigma_h^2}{2}\right)T \; > \; \frac{\sigma_h}{3}\sqrt{T} \; + \; fT$$

<u>リターン</u> 　　　　　<u>リスク</u>

※ただし、Tが想定内であること

T年間の想定において、成長率＞資本コストとなっていれば、投資対象の価値は将来T年間にわたり増大する可能性が極めて高くなります。リスクフリー「f」は、米国10年債と日本10年債との海外売上比率の比重で考えればよいでしょう。この比率は売上の地域構成などに影響されます。

まとめると、判別式その１と判別式その２をともにクリアできる過去の売上を探すことがクオリティ・グロース銘柄の発掘としてもよいでしょう。

売上としては過去７年以上あることが好ましいと思います。過去７年のデータを使い、将来７年の売上想定をするのがよいでしょう。あるいは10年のデータを使い10年の想定をしてもよいでしょう。

さて、これまでの話の中で、「良い企業とは何か」「良い経営とは何か」「時系列データの解釈の仕方」「クオリティ・グロース銘柄とは何

か」について論じてきました。売上の大まかな想定方法やリスクの考え方にも触れました。

これまでに大まかにできるようになったことは、以下のことです。

①時系列データの分析による将来の売上の想定など
②リスクの解釈

本書では、資本コストを時間の関数として定義しました。したがって、クオリティリスクとリスクフリーに分け、T年間の資本コストについては、以下のように設定しました。

$$\text{T年間の資本コスト}= \underbrace{\frac{\sigma_h}{3}\sqrt{T}}_{①} + \underbrace{fT}_{②}$$

※①クオリティリスク　②リスクフリーレート

CAPMでの、リスクプレミアムにおけるディスカウントファクターに相当するものです。これは、T年後の想定売上に対して割り引くもので、リスクが時間の平方根に比例することから、以下のようにするのでした。ただし、σは変化率の母標準偏差（年率）です。

$$\text{EXP}\left(-\frac{\sigma_h}{3}\sqrt{T}\right)\text{倍}$$

※クオリティリスクファクター

CAPM との概念の対比は、以下になります。

CAMP におけるリスクプレミアム	本書のクオリティリスク
β（市場の株価変動率の母平均－f）T	$\dfrac{\sigma_h}{3}\sqrt{T}$

※ β については、214ページのコラムにて後述

　次は、リスクフリーに関わる部分です。リスクフリーファクターとは将来の平準的な長期国債の利回りを f としたときに、EXP（－fT）となるのでした。この点については CAPM と本書の立場は同じです。
　したがって、資本コストのディスカウントファクターは本書の場合、上記２つのディスカウントファクターの積となり、以下になったのでした。

$$\mathrm{EXP}\left(-\frac{\sigma_h}{3}\sqrt{T}\right)\mathrm{EXP}(-fT)$$

　さらに、グロース要素については、変化率の期待値（年率）を以下にしていました。

$$\mu_l - \frac{\sigma_h^2}{2}$$

また、年率の売上成長の期待値を示すグロースリターンファクターは以下になります。

$$\mathrm{EXP}\left\{\left(\mu_\mathrm{I} - \frac{\sigma_\mathrm{h}^2}{2}\right)\mathrm{T}\right\}$$

（例）

売上の変動率の母標準偏差の最大値 σ_h が21％の場合、リスクはその3分の1の7％となり、資本コストはリスクフリー2％を想定すれば9％となります。

本書の立場では、リスクフリーは時間比例、リスクプレミアムは時間の平方根に比例するとしています。このとき、T年間の資本コストは以下になります。

$$\mathrm{T年間の資本コスト} = \frac{\sigma_\mathrm{h}}{3}\sqrt{\mathrm{T}} + \mathrm{fT}$$

この事例の場合、Tを9年だとすれば、売上の下振れシナリオを織り込み、9年後の売上をリスクフリーで割り引いたものは、以下になります。

EXP（−7％×3）EXP（−2％×9）

＝ EXP（− 21％− 18％）

＝ EXP（− 0.39）

＝ 0.677

逆に、この0.677を超えるためには、以下のグロースリターン（変化率の期待値）がどの程度あればよいでしょうか。

$$\mu_{l} - \frac{\sigma_{h}^{2}}{2}$$

EXP（0.677）=EXP（0.677/9×9）となるグロースは0.075（=0.677/9）ですから、8％近いグロースがなければなりません。

グロースリターンが0.075よりも大きくなるためには、簡単な計算（σ_{h}=0.21）として、母平均最小値μ_{l}が9.7％を超える必要があります。

$\mu_{l} - \dfrac{\sigma_{h}^{2}}{2} > 0.075$

$\mu_{l} - 0.022（0.21×0.21÷2）> 0.075$

$\mu_{l} > 0.075 + 0.022$

$\mu_{l} > 0.097$

推定される母平均の最小値でこの基準を満たすような事業を探すのは簡単ではありません。

売上の変化率の時系列データから推定した母標準偏差σ_{h}が21％もあることが事態を難しくしているのです。σ_{h}が10％程度であれば、「$\sigma_{h}^{2} \div 2$」は0.5％程度で済みます。仮にそうであれば、求められる母平均μ_{l}も7％台の成長でよいことになります。

このように、クオリティ・グロース投資では、どうしても厳選投資になります。保有銘柄はわたしが運用部長を務めるなかのアセットマネジメントのファンドでも厳選されて、20〜30銘柄に留まるのです。

コラム：CAPM との決別

　本書のリスクの定義は、期待値に届かないリスクを計量化した確率的な考えですが、歴史的には運用業界ではリスクとリターンとを同一視した定義が適用されてきました。

　繰り返しになりますが、機関投資家の多くが採用するCAPM（資本資産価格モデル capital asset pricing model）は、便宜的に毎年の基準価格の値洗いを前提に、資本コストを株価の変動率のリターンとして、それゆえ時間比例するものとして扱っています。

　同様に、CAPM において資本コストを構成するリスクプレミアムも株価とインデックスの変化率から計算されて、やはり時間に比例するものとされています。

　つまり、CAPM では、以下を資本コストと定義しているのです。

$$f + \beta \ (\mu - f)$$

※ f ：リスクフリー
　 β ：インデックスと株価のそれぞれの変化率の共分散を
　　　　インデックスの変化率の分散で割ったもの
　 μ ：インデックスの変化率の母平均

　CAPM というのは、市場全体を表すインデックスをまずは選ばなければ計算できないものです。例えば、日本の場合、インデックスとして TOPIX を選ぶとします。

このとき、対象証券の株価の変化率と TOPIX の株価の変化率から、これらの共分散を TOPIX の分散で割ることで β（ベータ）という指標を計算します。

　CAPM では TOPIX の変化率の母平均とリスクフリーの差にこの β を掛けたものをリスクプレミアムと定義しています。

当該証券の資本コスト
＝β（TOPIX の期待収益率ーリスクフリー）＋リスクフリー

　この定義では、株というものは、TOPIX よりも大きく動けばベータが高くなり、資本コストは低くなります。

　β については、何年分の時系列データで取るべきものかという議論はなかなか難しく、毎年のパフォーマンス競争に明け暮れる機関投資家の中には、数カ月の β を使う人もいます。β は対象期間により大きく変動します。

　本書は、こうした CAPM 理論との決別を宣言するために書かれたと言っても過言ではありません。

　そもそも、企業の価値とは、将来売上から将来利益を想定し、将来配当を予測し、その将来配当を合理的なディスカウントファクターで割り引いたうえで、それを市場のスプレッド（市場の永久資本コストと永久配当成長率との差）で市場並みに評価すべきものです。

ところが、機関投資家の多くが、CAPMによりリターンとコストを同一視して"時間比例"で将来のシナリオを割り引いてしまっているのです。

　リスクをリターンと同一視したうえで、将来業績をリスクで割り引くということは、T年後の売上を今の売上と同一視していることと同じです。それでは業績を想定する意味がありません。アクティブ運用の本質から逸脱した理論を多くの機関投資家が採用してしまっているのです。

　そもそもCAPMが登場した背景には、「当時の貧弱なコンピュータが市場全体の銘柄数を処理するだけの共分散を計算できなかった」という事情がある、とわたしは推察しています。本来であれば、インデックスを選ぶのではなく、市場を構成する銘柄同士の1：1の共分散を計算しなければポートフォリオの標準偏差は計算できません。その点、インデックスを選べば計算量が劇的に減ります。そうした貧弱な計算力しかなかった時代遅れのツールがCAPMだとわたしは見限っているのです。

　さらに、本書では、売上の期待値の計算において、売上の変化率の母平均「μ」だけではなく、母標準偏差「σ^2/2」が登場します。成長率は時間比例し、「$\mu - \sigma$^2/2」が売上の年率成長率を連続複利ベースで示したものになるのでした。
　機関投資家の多くは、母標準偏差の大きさを評価せず、単にEXP（μT）で売上を想定してしまう傾向があります。これでは、業績ボラティリティの大きな株式のリスクが本来

より少なく見積もられてしまうでしょう。

（事例）

　リスクを「時間の平方根に比例するシナリオの下振れリスク（＝クオリティリスクファクター）と定義したのが本書の新しい立場です。その考え方によれば、例えば、配当成長率と資本コストとの関係（リスクとリターンの関係）は、以下のように「$\mu - \sigma^2/2$」が正である限り、時間とともに良化していきます。

$$\mu_l - \frac{\sigma_h^2}{2} > 0$$

　逆に負の値であれば、長期保有すればするほどリターンは悪化していきます。

　クオリティ・グロースの代表例は、マイクロソフトやオービックです。売上の増収率の母平均の推定 μ と母標準偏差 σ との関係が $\mu > \sigma^2$ ぐらいあればよいのです。

　時系列データの変化率の標準偏差が30％のとき、その2乗の半分は4.5％に過ぎません。

　しかし、μ が4.5％を超える想定は成熟産業に属する企業には難しいのです。成熟産業の衰退リスクは大きく、利益率も低いので、どうしても業績の変化率も大きくなります。

　一方で、標準偏差が20％程度であれば、その2乗（0.2×0.2）は4％となり、さらにその半分は2％ですので、多く

の時系列データで正というハードルはクリアできるでしょう。

ただし、プロの投資家は、「$\mu - \sigma^2/2$」がゼロより大きいだけでは不十分と考えます。少なくともハードルレート6％程度は欲しいところです。ちなみに、わたしは「$\mu - \sigma^2/2$」が6％程度ある案件を厳選しようとしています。

ここで陥りたくない罠は、この期待値の高さだけで勝負をしないことです。わたしたちにはもうひとつの武器、「時間軸」があります。業績をできるだけ長く想定できるのであれば保有期間Tをできるだけ長くすることができます。

業績想定がT年間あるとして、T年後に目標株価に届くと考えることもできるでしょう。しかし、業績想定のビジビリティ（visibility：見通しの良さ）、あるいは蓋然性（がいぜんせい）が高い場合、T年後よりも前に株価は高評価局面を迎えるかもしれません。したがって、μの大きさとσの小ささ、そしてTの長さのバランスが重要になるのです。

機関投資家も、個人投資家も、目先のパフォーマンスに囚われています。だからこそ、Tの長さやσの小ささに着目した戦略は少数派となります。少数派の戦略について「ストリートが空いている」という表現をわたしたちは使います。ストリートが空いている差別化戦略となりやすいのがクオリティ・グロース投資なのです。

CAPM理論からは時間の平方根に比例する母標準偏差σという概念が抜け落ちています。ここをTではなく、$\sqrt{T}$で割り引くことができると、他の人が評価できない銘柄を発掘

できるのです。

　わたしは、短期ではわからないものの、長期では優良な案件となるクオリティ・グロース銘柄への投資で、この厳しい運用業界の競争を生き残ってきたのです。

～第7節～
アナリストの実際

　投資の初心者も対象にした、長期の厳選投資であるクオリティ・グロース投資への入門書をここまで書いてきました。「永続的に保有できる成長企業とは何か」について、詳しく論じてきたつもりです。

　結果として、**「判別式その1（グロース判別式）」**と**「判別式その2（クオリティ・グロース判別式）」**を用意して、計算をエクセルの付録に任せるという手法を提供することで、誰であってもクオリティ・グロース銘柄が発掘できるようにデザインしました。

　この第3章の最後は、わたしたちアクティブ運用者である証券アナリストの実際について語りたいと思います。

　わたしたちは、職業として、業績予想に関しては、もっと手の込んだことをしています。ここでは証券アナリストがどのような手順を踏み、業績を想定するのか、そのプロセスを簡単に紹介します。

　実際の運用の現場では、証券アナリストが担当企業のT年後を想定します。このT年をどう設定するかは、運用会社によって異なります。長期投資を標榜（ひょうぼう）する運用であれば、多くの場合、Tは3年から7年です。わたしたち「なかのアセットマネジメント」では、Tを10年と想定しています。

　もちろん、1年後の業績でさえ、十分な確度を持って予想できない

ケースもあります。その場合は、企業全体というより、アナリストが注目する商品や事業単位でＴ年後の売上を想定していきます。

　Ｔ年後の売上を想定するときには、売上を細かく分解して、商品ごとに直す必要もあります。さらに一歩進んで、商品の売上を数量と価格に分解する必要もあります。

　そして、勝利の方程式と呼ばれる「１）数量成長」と「２）価格上昇」がともに期待できるような商品を特定します。その後、「固定費や変動費が効率化できるかどうか」を推論します。そのためには、その商品が「時代の風」に乗る必要があります。ライバルが少なく、他の種類の商品に代替されないようなものを選ぶ必要があります。

　シェアが高く、競争がない分野で増収が期待できれば、天からのギフトが２つ贈られます。

　ひとつはスケールメリットです。主に固定費率を改善する効果があります。

　もうひとつは良い技術の筋です。主に変動費率を改善する効果があります。

　読者が本書の２つの判別式（グロース判別式とクオリティ・グロース判別式）を使ってクリアできるような企業には、「競争がほとんどない、そして需要が大きく、供給が少ない」という環境があると見なされます。

　そこで、プロフェッショナルとしての証券アナリストは、第２章で解説した「２つの天からのギフト」を考慮して、価格の上昇や販売数量の増加、費用率の相対的な低下を見込んでＴ年後の利益率の想定をします。

　企業によって事情が異なるので、一概に言えませんが、スケールメ

リットには増収分の10分の1から20分の1程度の効果があり、良い技術の筋では、やはり同程度の効果が認められるというのがベテランアナリストの肌感覚としてはあります。

　一般に、ひとつの企業で多数の商品群を有していますが、わたしたちは、利益の過半を説明できる主力商品を中心に分析をしていきます。

　その後、将来売上を想定して、商品売上の利益率の改善を想定するのです。

　全社の売上において、同様に利益を算出します。アナリストも重要ではない事業については、横ばいなどで想定するなど、時間を節約する場合が多いのです。

　さらにその後、T年後の配当総額（もしくは1株配当）を想定します。そして、市場平均並みの評価（インデックスの配当利回り）で理論時価総額（もしくは理論株価）を算出します。

　アナリストの業績想定は、それだけでさらに数冊の本が書けるくらい大変な作業です。潜在需要を想定して、顕在化される需要を想定し、その競合を想定して、売上を想定し、さらに利益率を推定して、将来の配当を想定していくのです。

　わたし個人は、アナリストの業績想定と統計的推定を併用しています。社内に、過去の時系列データが示唆する母平均や母標準偏差の推定区間を逸脱して強気すぎる想定をするアナリストがいれば、その業績想定は楽観的すぎる場合が多いと考え、再考を促す場合が多いのです。

　アナリスト独自の想定でもっとも重要な要素は、需要（将来数量）の想定と商品の将来価格の推定です。それが概ね正しければ、スケールメリットも使えますし、前述の良い技術の筋（テクノロジーの物理的側面である表面積が売上で体積が費用なら微細化していくトレンド

で、その逆なら拡大していくトレンド）の効果で収益性は担保できます。

（プロフェッショナルである証券アナリストの手順）

　第3章で用いた「母平均」と「母標準偏差」と「想定期間」を用いて、アナリストの作業についてもう一度、解説します。

　まずは、前述のように、注意深く、まずは想定されるＴ年後の売上の期待値（グロースリターンファクター）を想定します。

$$S(T) = S(0)\ \mathrm{EXP}\left\{\left(\mu_\mathrm{I} - \frac{\sigma_\mathrm{h}^2}{2}\right)T\right\}$$

　期待値に、クオリティリスクファクターとリスクフリーファクターとの積を掛けると、Ｔ年後の売上Ｓ（Ｔ）の「現在価値」が求められます。

S(T)の現在価値＝

$$S(0)\ \mathrm{EXP}\left\{\left(\mu_\mathrm{I} - \frac{\sigma_\mathrm{h}^2}{2}\right)T\right\}\underbrace{\mathrm{EXP}\left(-\frac{\sigma_\mathrm{h}}{3}\sqrt{T}\right)}\underbrace{\mathrm{EXP}(-fT)}$$

グロースリターン　　　クオリティリスク　　　リスクフリー
ファクター　　　　　　ファクター　　　　　　ファクター

　Ｔ年後を見据えて、スケールメリットと良い技術の筋を考慮しつつ、売上高純利益率を求めます。具体的には、営業利益を求めてから税前利益と純益を求めます。Ｔ年後の売上高純利益率を「Ａ（ＡはＴ年後の売上高純利益率の想定）」として、Ｔ年後の純益の現在価値「Ｓ（Ｔ）」に、「Ａ」を掛けて求めます。

次に、Ｔ年後の配当性向の想定をＢとして、Ｓ（Ｔ）ＡにＢを掛けます。これがＴ年後の配当総額（Ｄ（Ｔ））の現在価値です。

$$D（T）＝S（T）×A×B$$

以上から、Ｔ年後の配当総額の現在価値は、以下になります。PV［Ｄ（Ｔ）］は、Ｔ年後の配当総額の現在価値を表します。

$$PV[D(T)]＝$$

$$S(0)\,EXP\left\{\left(\mu_1-\frac{\sigma_h^2}{2}\right)T\right\}EXP\left(-\frac{\sigma_h}{3}\sqrt{T}\right)EXP(-fT)\times A\times B$$

次に、大まかなバリュエーションを算出します。

インデックスの平準的な想定配当利回りを「ｙ」とします。ｙは執筆時現在でおよそ２％ですが、市場が悪いときには３％近くまで高まることもあります。

ｙが市場平均の利回りですので、Ｔ年後のＤ（Ｔ）の現在価値を市場平均で評価します。

大まかな理論時価総額＝

$$\frac{S(0)\,EXP\left\{\left(\mu_1-\frac{\sigma_h^2}{2}\right)T\right\}EXP\left(-\frac{\sigma_h}{3}\sqrt{T}\right)EXP(-fT)\,AB}{y}$$

あとは、バリュエーションの仕上げとして、財務内容、例えば、ネットキャッシュ(保有現金と現金同等物から有利子負債を除いたもの)などが反映されていませんので、それらを一部、理論時価総額に反映させてもよいと思います。

　今回は「配当モデル」で考えましたが、それ以外にもいくつかの有力なモデルがあります。平準的な PER で評価する方法もあります。フリーキャッシュフローで評価する方法もあります。それらは参考文献をはじめ、多くのファイナンス理論教科書に書いてありますので、本書では割愛します（ただ、老婆心ながら、細かいことを申せば、母標準偏差「σ」の２乗の２分の１である「σ^2/2」の大きさにも、アナリストは留意すべきだとわたしは提言しておきます）。

　このような非常に保守的な推定値を使う限り、読者の皆さんも長期保有に適するクオリティ・グロース銘柄を発掘することができると思います。

　このような長期投資は自分の老後に向けた資産形成にもなりますし、自分の命の長さを超えて、財産を子供たちや次世代に遺すこともできます。

コラム：資本コストは、株価からも配当からも計算できる

　投資家が株価の変動率の標本標準偏差「ｓ」からリスクプレミアムを想定していることをお話ししました。

　なぜ投資家は株価の上下動を気にするのでしょうか。

　それは「株価が将来、いくらで売却できるか」が不確定であるからです。機関投資家であれば毎月、マンスリーレポートを発行しますし、毎月の勝ち負けが明確になります。インデックスに勝つこと、現金に勝つこと、ライバルに勝つこと、さまざまな勝ち負けが存在します。

　例えば、１年後の株価が想定できない以上、その変動率の分布の左側半分の重心をリスクプレミアムとして採用しようとするのは合理的な判断です。

　ですから、われわれは市場というものを、「リスクが取引価格にある程度"利いている"空間」と見なすことができます。つまり、そもそも不確実性をある程度、織り込んだリスク込みの株価になっているのです。

　リスクフリーレートも同様に、株価に織り込まれています。すなわち、資本コストであるリスクフリーレートとリスクプレミアムの和が株価に織り込まれていると想定できるのです。

　ここで、投資家が株価や基準価額を気にせずに、業績の将来だけを気にするという長期投資の態度に徹すれば、資本コストは違う概念に変貌します。

仮に、株価ではなく、配当の将来だけを気にするのであれ
ば、「配当が長期で影響を受けるかどうか」が調査の対象と
なり、過去の配当の変化率の標本標準偏差（ｓ）の３分の１
程度をリスクプレミアムと考えることもできます。自己資本
の何％を配当とするDOE（dividen on equity）の採用企業で、
赤字企業でなければ、自己資本は減りません。したがって、
配当の減少リスクは極めて限定的になります。

　実際、配当重視で株価を気にしないのであれば、今市場に
織り込まれている資本コストよりも十分に低い配当減配コ
ストとのスプレッドは必ず享受できるわけです。

　次ページの上段はSMCの配当の時系列データです。下段
はＳＭＣの株価です。

　配当の変化率の過去24年の標本標準偏差（＝ｓ）は19％
です。一方で株価の変化率の標本標準偏差は33％です。

　株価から逆算するクオリティリスクは11％（33％ ÷ ３％）
になりますが、配当から逆算する減配リスクの保証料である
クオリティリスクは「19％ ÷ ３％」でおよそ６％となります。
この５％の差は大きなものになります。株価を気にしないと
いう態度で配当の見通しに分析を集中すれば、このスプレッ
ド５％は毎年のように長期投資家の懐に入ってきます。これ
が複利で効いてくるのがクオリティ・グロース銘柄の長期投
資の醍醐味なのです。

SMC 6273 配当 (円)

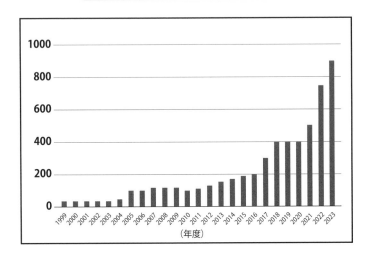

SMC 6273 株価 (円)

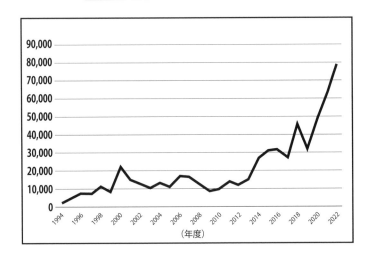

~第8節~

事例紹介
~エクセルを使って自分で調べてみる~

　本節では、特典の Excel を使って、企業のバリュエーションを調べる事例を紹介します。Excel を使えば、ここまでの難解な話がわからなくても分析できます。マイクロソフトとエクソンモービルを例とします。

1）マイクロソフトの例

　マイクロソフトは、クラウドサービスでしっかりと伸びている企業です。また、エクセルやワードやパワーポイントなどオフィスにおけるアプリケーションで高いシェアを誇る企業です。

　マイクロソフトの売上の時系列データを入力しましょう。次ページの上段を見てください。「過去 11 年の売上」の空欄（黒枠で囲った部分）を埋めます。時系列データは、無料で入手できるサイトもあるので、自分で調べて入れてください（241 ページ参照）。

　時系列データに数字を入力すると、あとは自動で、すべての項目に数字が入ります（手順その 1 ～手順その 5）。

　まず、231 ページの「手順 3」を見てください。四角枠で囲んでいるところが「正」になっていれば合格ラインです（A 評価）。

　ここから、さらに厳しい目で見るため（厳選するため）に「手順 5」を確認します（233 ページの①）。ここも「正」であれば、かなり優秀です（S 評価です）。そういう使い方をします。

◆準備

	過去11年の売上
2013/06期	
2014/06期	
2015/06期	
2016/06期	
2017/06期	
2018/06期	
2019/06期	
2020/06期	
2021/06期	
2022/06期	
2023/06期	

◆手順1 （時系列データを入力）

	過去11年の売上
2013/06期	77,849
2014/06期	86,833
2015/06期	93,580
2016/06期	91,154
2017/06期	96,571
2018/06期	110,360
2019/06期	125,843
2020/06期	143,015
2021/06期	168,088
2022/06期	198,270
2023/06期	211,915

◆手順2　LN関数で変化率に変換

増収率	N＝10
2014/06期	10.9%
2015/06期	7.5%
2016/06期	-2.6%
2017/06期	5.8%
2018/06期	13.3%
2019/06期	13.1%
2020/06期	12.8%
2021/06期	16.2%
2022/06期	16.5%
2023/06期	6.7%

◆手順3　標本平均mと標本標準偏差sを求める

関数 AVERAGE 関数STDEV.S	
標本平均m	10.0%
標本標準偏差s	5.8%
標本数N	10
自由度＝標本数ひく１＝N-1	9
あたりをつけるために、標本を使って、売上の将来の想定を計算し	
① 標本リターン＝m－s^2/2 ＝	9.8%
[EXP{(m－s^2/2)T}]	
T=5の場合、同社の売上は５年後	
1.64 倍	
に売上は５年間で成長すると標本リターンが計算できる。	

①:この式が正（プラス）であれば、合格ライン（A評価）。S評価（後述）の銘柄が特になければ、A評価の銘柄を保有しても構わない。

◆手順4　母集団の区間推定

区間推定で母平均の最小値を求める。	
T.INV.2T(0.05,自由度)	2.262157
s	5.8%
s/(N^0.5)	1.8%
T.INV.2T(0.05,自由度)*s/(N^0.5)	4.2%
m-T.INV.2T*s/(N^0.5)	5.9%
μ l	5.9%
区間推定で母標準偏差の推定区間の最大値を求める	
CHISQ.INV(0.025,自由度)	2.700389
(N-1)(s^2)/CHISQ.INV(0.025,自由度)	0.011286
母標準偏差の推定区間の最大値σh=	
[(N-1)(s^2)/CHISQ.INV(0.975,N-1)]^0.	10.6%
リターンを推定される最小値μ l	5.9%
リスクを推定される最大値σh	10.6%
とした最も保守的な想定でどうなるかを見る。	

　ここでは、リターンが推定される最小値 μ_l と、リスクが推定される最大値 σ_h に注目する。「最も保守的な想定でどうなるか」を見る。

◆手順5　保守的な見積もりにおいても投資価値があるか

判別式その1：	$\mu l - \sigma h^2/2$	を求める。		
① $\mu l - \sigma h^2/2$		5.3%	この数字が正であることが望ましい。	
今後の売上の想定その1　（確率5割のシナリオ）				
EXP{($\mu l - \sigma h^2/2$)T}				
② 5年後		1.30	倍	
10年後		1.70	倍	
15年後		2.21	倍	
リターンを資本コストで割り引いたもの				
EXP{($\mu l - \sigma h^2/2$)T}EXP($- \sigma h/3T^{0.5}$)EXP(-fT)				
③ 5年後		1.12	倍	
10年後		1.31	倍	
15年後		1.54	倍	
f=1.5%とした。（リスクフリー）				
上記が1をすべて超えているので判別式2はすべてクリアしている。				

①：もっとも保守的な想定でも、マイクロソフトの売上は**年率5％以上で増収**していくことがわかる。以下の式が「正」になるときはかなり優秀（S評価）。

$$\mu_l - \frac{\sigma_h^2}{2} > 0$$

②：以下の式から導き出される期待値から計算されたシナリオ（もっともありえそうなシナリオ）では、5年後の売上が約1.3倍、10年後が約1.7倍、15年後が約2.2倍になるとわかる。

$$\mathrm{EXP}\left\{\left(\mu_l - \frac{\sigma_h^2}{2}\right)\mathrm{T}\right\} \quad ※Tには年数を挿入$$

③：以下の式から導き出される「今後のリスク込みのシナリオ（リスクプレミアムで割引）」では、5年後の売上が約1.1倍、10年後が約1.3倍、15年後が約1.5倍になるとわかる。

$$S(0) \, EXP\left\{\left(\mu_l - \frac{\sigma_h^2}{2}\right) T\right\} EXP\left(-\frac{\sigma_h}{3}\sqrt{T}\right) EXP(-fT) > 1$$

※Tには年数を挿入

2）エクソンモービルの例

　エクソンモービルは、世界最大級の石油会社であり、天然ガス生産の大手でもあります。

　油田の探索や、掘削の上流から精製販売までを手掛ける垂直統合型のビジネスモデルです。世界中に資源権益を保有しています。結果として、原油価格やガス価格といった市況に業績が依存するため、売上の変動率は非常に大きなものになってしまいます。

　2024年1月現在、同社の時価総額は4000億ドルです。米国市場において上位20社に入る超大型株です。

◆手順1 （時系列データを入力）

	過去11年の売上
2012/12期	451,509
2013/12期	420,836
2014/12期	394,105
2015/12期	239,854
2016/12期	200,628
2017/12期	237,162
2018/12期	279,332
2019/12期	255,583
2020/12期	178,574
2021/12期	276,692
2022/12期	398,675

◆手順2　LN関数で変化率に変換

増収率	N＝10
2014/06期	-7.0%
2015/06期	-6.6%
2016/06期	-49.7%
2017/06期	-17.9%
2018/06期	16.7%
2019/06期	16.4%
2020/06期	-8.9%
2021/06期	-35.9%
2022/06期	43.8%
2023/06期	36.5%

◆手順3 標本平均mと標本標準偏差sを求める

関数 AVERAGE 関数STDEV.S	
標本平均m	-1.2%
標本標準偏差s	29.9%
標本数N	10
自由度＝標本数ひく 1 ＝N-1	9
あたりをつけるために、標本を使って、売上の将来の想定を計算してみる	
① 標本リターン＝m−s^2/2 ＝	-5.7%
[EXP{(m−s^2/2)T}	
T=5の場合、同社の売上は5年後	
0.75 倍	
に売上は5年間で成長すると標本リターンが計算できる。	

①を見てみると、負の数になっている。この時点で合格ラインには達していないので、本来であれば、これ以上調べる必要ない（保守的な見積もりでの結果を見届けるため、今回は話を先に進める）。

◆手順4　母集団の区間推定

区間推定で母平均の最小値を求める。	
T.INV.2T(0.05,自由度)	2.262157
s	29.9%
s/(N^0.5)	9.4%
T.INV.2T(0.05,自由度)*s/(N^0.5)	21.4%
m-T.INV.2T*s/(N^0.5)	-22.6%
μ l	-22.6%

区間推定で母標準偏差の推定区間の最大値を求める	
CHISQ.INV(0.025,自由度)	2.700389
(N-1)(s^2)/CHISQ.INV(0.025,自由度)	0.297207

母標準偏差の推定区間の最大値σh= [(N-1)(s^2)/CHISQ.INV(0.975,N)]^0.5	54.5%

リターンを推定される最小値μ l	-22.6%
リスクを推定される最大値σh	54.5%

とした最も保守的な想定でどうなるかを見る。

μ_l と σ_h を参考に「最も保守的な想定でどうなるか」を見る。

◆手順5　保守的な見積もりにおいても投資価値があるか

式その1：　　μl-σh^2/2　　　を求める。			
① σh^2/2		-37.5%	この数字が正であることが望ましい。

①の式が「正」かどうかを確認したところ、予想していた通り、エクソンは負（マイナス）となった。やはり長期投資には向いていない。

3）時系列データの注意点

　時系列データは、採取する期間、つまり標本数Nに応じて、その標本平均m（N）と標本標準偏差s（N）は違うものになります。過去N年間の標本平均をm（N）とするとき、その値は過去N－1年間の標本平均m（N－1）とは違うものとなります。同様にσも標本数Nに応じて違ったものになります。

　重要な考え方は、株式投資の場合、ある程度以上の期間のデータがあることが好ましいということです。不景気などの景気変動を含むような長い期間が必要です。7年以上は必要でしょうか。

売上の変化率の平均と標準偏差

MSFT	過去5年	過去10年	過去20年
平　均	13.0 %	10.0 %	9.4 %
標準偏差	4.0 %	5.8 %	5.7 %

23年6月期までの期間：著者調べ

　上の表を見てください。マイクロソフトの増収率の平均と標準偏差がこの結果になったのですが、過去10年も過去20年も平均と標準偏差はそれほど変わりません。

　ここで、平均10%をμの想定に用いることにします。

　時系列の変化率をX（i）としたとき、われわれが知りたいのは、今後5年間のXたちとします。つまり、われわれはX（1）、X（2）、X（3）、X（4）、X（5）の変化率がほしい。ところがこれらは将来の値だから今の段階ではわかりません。そこで、統計学の力を借りてXの母集団を推定し、その期待値を「μ」としたのでした。このμを

238

母平均と呼びます。

また、標準偏差から将来のリスク σ の想定を６％とします。σ は X（i）たちの標準偏差です。この σ を母標準偏差と呼びます。

10年後の売上は現在の何倍になっているでしょうか。今回は過去平均のｍから将来想定の μ を推察し、過去標準偏差ｓの値から将来のボラティリティ σ を推察しました。

10年後のマイクロソフトの売上は何倍になるでしょうか。

調べるべきことは、標本平均ｍと標本標準偏差ｓと標本数Ｎから母平均 μ の95%区間推定の下限 μ_l と母標準偏差 σ の上限 σ_h を導くことです。

N=10、m=0.10、s=0.06 と仮定すると、「手順　その５」より、その期待値は 0.982 ですから（以下参照）、売上は EXP（0.982）=2.67 倍になっていると推定できます。

$$\left(\mu_l - \frac{\sigma_h^2}{2} \right) T = (0.10 - 0.0036/2) *10 = 0.982$$

このように標準偏差が小さい時系列データでは、「σ の２乗（= σ^2)」の項がとても小さくなるので、μ の大きさがそのまま利くのです。

マイクロソフトのように、平均が標準偏差よりも高く、平均が２桁（10%以上）あるような企業は、大きな潜在需要を顕在化しつつ、リスクの小さいビジネスモデルで供給を一手に引き受けていると推察できます。過去５年、10年、20年の平均と標準偏差のギャップもそれほどありません。

リスクの大きな事業では、標準偏差のほうが平均の何倍も大きくなります。

例えば、半導体製造装置の市場は平均も高いですが、標準偏差はその数倍も高くなります。

資源株の代表である石油メジャーの売上の推移も同様です。平均は低く、標準偏差はかなり高くなります。事実、事例で紹介したエクソンモービルの売上変化率の標準偏差は過去10年で約30％となっていました（下表参照）。平均は負の値ですから、長期投資をしても売上が増えるわけではなく、翌年の売上さえ、しっかりとは予測できない企業である可能性が高いことがわかります。

売上の変化率の平均と標準偏差

XOM	過去5年	過去10年	過去20年
平　均	10.4 %	-1.2 %	3.3 %
標準偏差	33.0 %	29.9 %	25.2 %

2022年12月期までの期間：著者調べ

ゼロを何回足してもゼロのままです。しっかりと売上が伸びる企業でなければ長期投資の対象にはなりません。

ちなみに、同社の場合、過去5年の平均と過去10年の平均とが大きく乖離しています。

このように平均が大きく変動している企業は業績の中身が大きく違っていたり、事業環境が激変していたりするので、将来を想定するのはとても難しくなります。

仮に、将来の期待値μをmから推察するにしても、標本平均の取り方によって大きく異なる結果となるため、信頼性のある数字とはならないでしょう。過去20年の標本平均m＝3％を取るとして、標準

偏差 s については、どの期間も 30％ 程度であるので、σ を 0.3 と推察するとします。

　すると、期待値は − 0.015 で負の値になりますから、保有すればするほど、売上は減少していくことが示唆されます。マイナスの期待値のものを長期の投資案件に選ぶことはできません。

$$\mu_1 - \frac{\sigma_h^2}{2} \ = \ (0.03 - 0.045) \ = - \ 0.015$$

時系列データの入手方法

　クオリティ・グロース銘柄を発掘するためには、最低でも 7 年以上の時系列データ（売り上げなど）を手に入れる必要があります。企業の有価証券報告書などを遡ってもよいのですが、今は便利な世の中になっていて、比較的簡単に必要な情報（時系列データ）を探し出すことができます。以下、参考までに役立つ情報源を載せておきます（原稿執筆時点の情報）。

◆有料
株探や四季報オンライン

◆無料
バフェットコード

【章末コラム　その1】
時系列モデルについて

1）時系列データの変化量について

　時系列データを「X」とし、平均を「m」、標準偏差を「s」とした
とき、その変化量を Δ とすると、以下になります。これが、時系列
データXの確率過程と呼ばれるものです。

$$\Delta X(t) / X(t) = m(t)\Delta t + s(t)\Delta Z \cdots ☆$$

第1項　　　　　第2項

　この式の「$\triangle t$」とは微小時間のことで、時系列データ間の時間差
を表します。

　$\triangle Z$ についても、お話しします。
　$\triangle Z$ を平均ゼロで標準偏差が1の正規分布 N（0, 1）に従う確率項
とします
　実際のデータセットは、（必ずしも正規分布になっているわけでは
ありませんが）標準偏差の計算からわかる通り、各データセットの平
均からの「距離」を平準化したものです。したがって、「平均 ± 標準
偏差」の間に多くのデータセットが収まるのは事実です。平均のまわ
りに上下ともにランダムに散らばるので正規分布を使っています。時
系列データの性格によって正規分布ではない分布を採用してもよいの
ですが、売上や株価の変化率の場合、データは正規分布に近い散らば

り方になっているからです。

　平均ゼロと標準偏差1の正規分布 N（0, 1）は自由に正数 s で拡大・縮小させることができます。例えば、散らばり方を激しくしたいならば「s」を大きくすればよいでしょう。また、右肩上がりのケースでは、データセットの平均「m」が効くため、「m」を大きくすれば強い右肩上がりを表現できます。

　△Z は微小時間 Δt ではなく、その平方根である $\sqrt{\Delta t}$ に比例することがわかっています。つまり、以下の式になり、ΔZ を Z に Δt^0.5 をかけたもの（△Z = Z × $\sqrt{\Delta t}$ ）と見なすこともできるのです（このあたりのことは確率過程の教科書に詳しく書かれています）。

ΔX（t）／X（t）＝ m（t）Δt ＋ s（t）ΔZ

　この確率モデルは、すべての時系列データに転用できます。左辺の「ΔX／X」は時系列データの変化量であり、前ページの☆の第1項だけを見ると、次のようになります。

ΔX／X = 平均×Δt ……①
※平均（m）にΔt という時間の幅をかけたもの

　先述したように、「Δt」は微小時間のことです。大きい小さいは相対的なものです。地球誕生からの悠久の時間から見れば100年も「微小な時間」ですし、人の一生からみれば1カ月も「微小な時間」といえるでしょう。この①の式はΔt の大きさにΔX／X が比例する

ことを示しています。

　下のグラフは平均mとΔtとの積、mΔtです。時系列のデータの確率過程の第1項「ΔX／X＝mΔt」を示しています。横軸がΔtです。

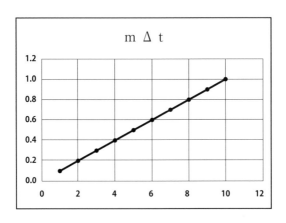

そして、以下は242ページの☆の式の第2項ΔZのグラフです。

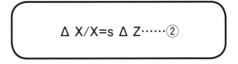

$$\Delta X/X = s \Delta Z \cdots\cdots ②$$

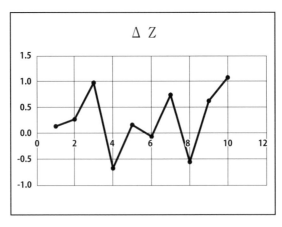

Δtが横軸です。ΔZとは平均0で、標準偏差1の正規分布の過程 N（0,1）に、標準偏差「s」と「Δt^0.5」をかけたものです。

ここでは、s = 0.3 としています。Δtの平方根に比例してΔZは大きくなります。ΔZ = s N（0.1）Δt^0.5 と表記できます。

Δtが相対的に大きくなると、ΔZもΔtの平方根に応じて大きくなります。上の例でもΔtが10のとき、ΔZは最大になっています。

この第2項は確率項と言って、ランダムに動きます。標準偏差「s」が大きければ、時系列データの変動率はそれだけ大きくなります。統計学によれば、N(0,1)が平均0と分散1の正規分布とすれば、s N(0,1)は分散s^2の正規分布 N（0, s^2）に従います。

そして、第1項と第2項を合わせたものがΔX／Xです。以下のグラフのようになります。

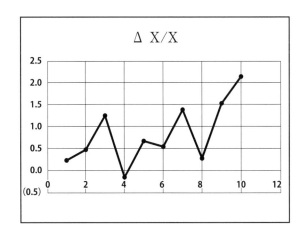

このグラフは平均mが効いてΔtが大きくなれば、グラフの右側が大き目に変動するようになります。

ただし、ΔZも作用して、上がったり下がったりします。これは時系列データの推移ではありません。あくまでも横軸はtではなく

Δtであり、ΔtとΔＸとの関係を示したものです。

　３つのグラフの数値例が下の表です。

Δt	mΔt	ΔZ	ΔX/X
1	0.1	-0.1	0.01
2	0.2	-0.3	-0.14
3	0.3	-0.0	0.28
4	0.4	0.2	0.65
5	0.5	-0.3	0.23
6	0.6	0.6	1.16
7	0.7	-0.5	0.23
8	0.8	-0.7	0.11
9	0.9	1.1	1.97
10	1.0	1.1	2.12

　このようなわかりにくいことを延々と述べるのは、大変心苦しいのですが、もう少しお付き合いください。

　さて、連続複利を算出する過程でLNというエクセルの関数を用いました。LNは、時系列データを変数とする関数と見なすことができて、時系列データも時間の関数と見なすことができます。関数LNをそれっぽくｆと置くと、ｆ（X, t）という関数を考えることができます。

　Δｆというものを考えるとき、ｆはXの増分に変化しつつ、ｔの増分においても変化します。

　そこで、ｆの変化量は、次ページの式に見られるように（ゼロを中心とした）２変数のテイラー展開［つまり２変数マクローリン展開（マクローリン展開は249ページ参照）］を用いて２次近似まで表すことができます。

Δf

=

（f の X による偏微分）Δ X

＋（f の t による偏微分）Δ t

＋1/2（f の X による 2 階の偏微分）（Δ X の 2 乗）

＋（f の X と t による 2 階の偏微分）Δ X Δ t

＋1/2（f の t による 2 階の偏微分）（Δ t の 2 乗）

整理すると、以下になります。

$$\Delta f = \underbrace{\frac{\partial f}{\partial X}\Delta X}_{\text{第1項}} + \underbrace{\frac{\partial f}{\partial t}\Delta t}_{\text{第2項}} + \underbrace{\frac{1}{2}\frac{\partial^2 f}{\partial X^2}\Delta X^2}_{\text{第3項}} + \underbrace{\frac{\partial^2 f}{\partial X \partial t}\Delta t}_{\text{第4項}} + \underbrace{\frac{1}{2}\frac{\partial^2 f}{\partial t^2}\Delta t^2}_{\text{第5項}}$$

　ところが、「Δ X = mX Δ t ＋ s Δ Z」ですので、これを先の☆の式に代入して整理します。具体的に「f = LN（X）」とした場合、t による偏微分項は全部ゼロになります。X による偏微分は「1 ／ X」であり、2 階微分は「− 1 ／（X^2）」なります。

　これらを整理していきます。さらに、近似上、Δt の 2 乗は Δt よりも速く小さくなるのでゼロとみなします。また、Δt と ΔX との積も同様にゼロと見なします。すると、上記の式の第 2 項、第 4 項と第 5 項は「∂ f/ ∂ t = 0」や、速く小さくなる項なのでゼロ。つまり、以下のようになります。

$$\Delta f = \frac{\partial f}{\partial X}\Delta X + \frac{1}{2}\frac{\partial^2 f}{\partial X^2}\Delta X^2$$

ところが、ΔX は以下でした。

$$\Delta X = m X \Delta t + s X \Delta Z$$

これを代入して整理すれば、次のようになります。

$$\Delta f = \frac{1}{X}(mX\Delta t + sX\Delta Z) + \frac{1}{2}(-\frac{1}{X^2})(sX)^2\Delta Z^2$$
$$+ (\Delta t^2 の項(= 0) + \Delta t \Delta Z の項(= 0))$$

つまり、以下のようになります(伊藤のレンマと呼ばれるものです)。

$$\Delta f = m\Delta t + s\Delta Z - \frac{1}{2}s^2(\Delta Z^2)$$
$$= m\Delta t + s\Delta Z - \frac{1}{2}s^2\Delta t$$
$$= (m - \frac{s^2}{2})\Delta t + s\Delta Z$$

しかし、ΔZ の 2 乗の期待値が Δt であることから、この二次近似の項が一次近似の時間項に繰り上がってしまうのです。これについては、統計学やファイナンス理論の教科書に詳しく書いてあります。X の確率項が N(0,1) に従うとき、X^2 の確率項は χ 2乗（カイ 2 乗）の分布（自由度 1 ）に従うことが知られています。その平均は 1 であり、よって ΔZ の 2 乗の期待値も Δt になるのですが、その詳細はファイナンス理論にお任せすることにします。

このように伊藤のレンマ（伊藤の補題）と呼ばれるものを用いて、時系列データの解釈をより精緻にすることができます。

マクローリン展開について

　マクローリン展開は微分を利用して、関数を中心点である
ゼロから再構築する手法です。
　1変数の場合、例えば、 $f(x) = x^2 + x + 1$ という関数をゼ
ロを中心に再構築してみます。

1）微分をしない状態で f(0) を求めます。上記の場合ですと、
$f(0) = 1$ です。
2）次に1階微分をしてゼロを代入します。$f' = 2x + 1$ の x
にゼロを代入しますから、$f' = 1$ となります。これに x をか
けたものを1）に足します。$1 + x$ まで復元しました。
3）2階微分をして同様にゼロを代入すると、$f'' = 2$ となり
ます。2階微分をしたときは1/2を計数として、さらに x^2
をかけます。$f = 1 + x + x^2$ が復元できました。

　2変数のマクローリン展開の場合は (0,0) を中心にして、
それぞれの変数の偏微分に変数を同様にかけて再構築してい
きます。

$$
\begin{aligned}
f(x,y) = {} & f(0,0) + \frac{1}{1!}\left(x\frac{\alpha}{\alpha x} + y\frac{\alpha}{\alpha y}\right)f(0,0) \\
& + \frac{1}{2!}\left(x\frac{\alpha}{\alpha x} + y\frac{\alpha}{\alpha y}\right)^2 f(0,0) \\
& + \frac{1}{3!}\left(x\frac{\alpha}{\alpha x} + y\frac{\alpha}{\alpha y}\right)^3 f(0,0) \\
& + \frac{1}{n!}\left(x\frac{\alpha}{\alpha x} + y\frac{\alpha}{\alpha y}\right)^n f(0,0) \\
& + \cdots
\end{aligned}
$$

2）時系列データの解釈。その結論

　ここまでの話から、f（X,t）=LN（X）のとき、以下の結論が導かれます。

$$\Delta f = \left(m - \frac{s^2}{2} \right) \Delta t + s \, \Delta Z$$

　つまり、時系列データの変化率（連続複利LN）は、一般化したウィーナープロセスに従い、「平均（m − s^2/2）Δt」と「標準偏差s（Δt^0.5）」の正規分布に従っていると言えるのです。時系列データの連続複利の変化率は、tからT年後のXを考えるとき、LN（X（T））− LN（X（t））= LN（X（T）/X（t））は、平均（m − s^2/2）（T − t）、標準偏差s（T − t）^0.5の正規分布に従うのです。

　ここで、ようやく結論が見いだせました。時系列データの変化率の連続複利の標本平均を「m」とし、その標本標準偏差を「s」としたときに、「T」年間のリターンとリスクはそれぞれ以下のようになるのです。

> 標本　グロースリターン：$\left(m - \frac{s^2}{2} \right) T$
>
> 標本　クオリティリスク：$\dfrac{s}{3} \sqrt{T}$

　この標本平均「m」と標本標準偏差「s」から母平均 μ と母標準偏差 σ を推定していくのです。

【参考となる教科書】

「確率統計演習 1 確率」　国沢 清典 (培風館)
「確率統計演習 2 統計」　国沢 清典 (培風館)

　統計をしっかり学びたい方にお勧めです。解説が丁寧で、本書で解説しきれなかった「t 分布」や χ（カイ）の 2 乗分布の確率密度関数の算出過程が、演習問題を中心に丁寧に書かれています。

「増補版　金融・証券のためのブラック・ショールズ微分方程式」
石村 貞夫、石村 園子 （東京都書）

　初心者にもわかるようにオプション理論を解説しています。伊藤の補題についても、丁寧に書かれています。本書の柱となる、期待リターンは時間比例、リスクプレミアムは時間の平方根に比例すること、時間比例の期待リターンが「$\mu - \sigma$ ^2/2」となることなどを理解するための良書です。

```
┌─────────────────────────────────────────────┐
│            【章末コラム　その２】               │
│        特典の使い方について（おさらい）          │
└─────────────────────────────────────────────┘
```

　繰り返しにはなりますが、第３章の内容には、高度な統計学の知識が入っているため、話の内容自体はかなり難解になっているかと思います。

　しかし、特典のExcelを使えば、「クオリティ・グロース銘柄かどうか」の判別は簡単にできます。

　ここでもう一度、手順をおさらいしておきましょう（７年分の時系列データの例で解説します）。

◆準備

売上 mil USD	
	過去８年の売上
７期前	
６期前	
５期前	
４期前	
３期前	
２期前	
１期前	
今期（直近）	

特典（Excel）の水色の枠に注目します。

◆手順1（時系列データを入力）

売上 mil USD	
	過去8年の売上
7期前	623
6期前	536
5期前	726
4期前	636
3期前	508
2期前	551
1期前	733
今期（直近）	852

特典の水色の枠に、売上などの時系列データを入
力します（ここの数字はある企業の売上を簡易化
したもの）。

◆手順2　LN関数で変化率に変換

増収率の標本Nは7個	
増収率	N = 7
6期前	-15.0%
5期前	30.3%
4期前	-13.2%
3期前	-22.5%
2期前	8.1%
1期前	28.5%
今期（直近）	15.0%

自動で数字が入ります（手順2から手順5
まで必要な数字はすべて、自動で入ります）

◆手順3 　標本平均mと標本標準偏差sを求める

関数 AVERAGE 関数STDEV.S		
標本平均m	4.5%	
標本標準偏差s	21.6%	
標本数N	7	
自由度＝標本数ひく 1 ＝N-1	6	

あたりをつけるために、標本を使って、売上の将来の想定を計算してみる

標本リターン＝m－s^2/2 ＝	2.1%

[EXP{(m－s^2/2)T}]

T=5の場合、同社の売上は5年後

1.11 倍

に売上は5年間で成長すると標本リターンが計算できる。

手順3で注目すべきは、四角枠の部分（特典の黄色の部分）です。ここでは、以下の式で導き出されたものが「正（プラス）」かどうかを見ます。

$$ m - \frac{s^2}{2} > 0 \quad ※ \quad \mu - \frac{\sigma^2}{2} \text{ の中立的な値} $$

184ページでも解説しているように、上記の式は、中立的な想定として使っているものです。手順5（後述）で使っている「判別式」よりは"ゆるい想定"になりますが、この式が「正」になっていれば、合格ラインと判断できます（A評価）。

この例では「2.1％」になっているので、A評価になります。ここからは、もっと厳しい目で見ても、クオリティ・グロースの条件をクリアできるかどうか、先に進みます。

◆手順4 母集団の区間推定

区間推定で母平均の最小値を求める。	
T.INV.2T(0.05,自由度)	2.446911851
s	21.6%
s/(N^0.5)	8.2%
T.INV.2T(0.05,自由度)*s/(N^0.5)	20.0%
m-T.INV.2T*s/(N^0.5)	-15.5%
μ l	-15.5%
区間推定で母標準偏差の推定区間の最大値を求める。	
CHISQ.INV(0.025,自由度)	1.237344246
(N-1)(s^2)/CHISQ.INV(0.025,自由度)	0.225801774
母標準偏差の推定区間の最大値σh=	
[(N-1)(s^2)/CHISQ.INV(0.025,N-1)]^0.5	47.5%
リターンを推定される最小値μ l	-15.5%
リスクを推定される最大値σh	47.5%
とした最も保守的な想定でどうなるかを見る。	

ここの数字も、自動で入ります。

◆手順5　保守的な見積もりにおいても投資価値があるか

判別式その１：　　$\mu l - \sigma h^2/2$　　を求める。	
$\mu l - \sigma h^2/2$	-26.8%

　四角枠で囲んだ部分（特典の黄色の部分）が、保守的に考えても（＝かなり厳しい目で見ても）、「正」になるかどうかを見ます。以下の式（判別式　その１）が「正」になるようであれば、かなり優秀なクオリティ・グロース銘柄と言えます。評価は「S」です。

$$\text{判別式　その１：} \quad \mu_l - \frac{\sigma_h^2}{2} > 0$$

※厳密には、ｆ（リスクフリーレート）よりもグロースリターンのほうが大きいことが好ましい

　今回の例では、残念ながら、負の値となってしまいました。
　しかし、上記の式は、条件としてかなり厳しいものになりますので、クリアできる銘柄は少ないと考えられます。それだけに、ここをクリアできる銘柄があれば、それはお宝銘柄として保有できると思います。

　特に、原稿執筆時の今（2024年1月）は、コロナ禍の影響を受けた後の売上データを使っているので、数字（売上）の振り幅が大きく（＝標準偏差が高い＝リスクが高い）、厳選された基準では、銘柄が見つかりにくいかもしれません。その場合は、「A評価」の銘柄も検討するなど、臨機応変に対応するのが望ましいです。

　なお、全社売上では負の値だったとしても、主力となる事業（セグメント）で見た場合に「正」になるケース（クオリティ・グロース投資に適うと見なせるケース）もあります。「巻末付録　その7」として紹介している「村田製作所のコンデンサ事業の統計的な解釈」は、その良い例です。
　このような分析ができるようになってくると、投資の幅も広がるでしょう。

文責：パンローリング編集部

エクセル関数	内容	（表示例） 売上データをA1からA10まで 時系列順に入力した場合
LN	２つの連続する時系列売上を連続複利ベースの変化率に変換するもの	=LN(A2/A1), =LN(A3/A2), …,=LN(A10/A9) を連続複利ベースの増収率の標本として、それぞれB2からB10のセルに返す
	また、売上の年率の標本平均mを算出するものでもある	標本平均「m」 ＝ LN(B10/B2)/9
EXP	連続複利ベースの変化率を売上に変換するもの	=EXP(mT)=EXP(0.1*10)=EXP(1)=2.72..
AVERAGE	標本平均「m」を算出するもの	標本平均 m = AVERAGE(B2:B10)
STDEV.S	標本不偏標準偏差「s」を算出するもの	標本平均 s = STDEV.S(B2:B10)
T.INV.2T	t 分布の両側を逆算するもので母平均の(下限の)推定に用いる	=T.INV.2T(0.05, 自由度)
CHISQ.INV	カイ2乗分布の逆関数を返すもので母標準偏差の（上限の）推定に用いる	=CHISQ.INV(0.025,自由度)

エクセル関数	内容	（表示例） 売上データをA1からA10まで 時系列順に入力した場合
VAR.S	不偏分散。CAPMのβの計算に用いる。標準偏差の2乗と同じ	=VAR.S(B2:B10)
COVARIANCE.S	不偏共分散。CAPMのβの計算に用いる	=COVARIANCE.S(系列1：系列1，系列2：系列2)
SQRT	平方根の計算。SQRT(2)は$\sqrt{2}$を示す。2^0.5でも同じこと	=SQRT(N-1) または(N−1)^0.5

（注意）

本書では、括弧が続くときには、読みやすさを考慮して、=LN［S（−1）／S（−2）］のような表記にしていますが、この表記ではエクセルの計算はできません。=LN(S(-1)/S(-2)) という具合に、［ ］ではなく、（ ）を用いてください。

Quality Growth

巻末コラム

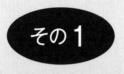

投資プロセスについて

1）クオリティ・グロース投資法　投資プロセス

①潜在的な需要（人々の願いや欲求）を推し量る。その願いを叶える
　ために、崇高な理念を持つ企業群を選ぶ「優秀な人材」が集うため。

②良き経営、人を大事にする経営を厳選する（低い離職率、高い年収）。

③顕在化していく新規の需要を見出す（新しい市場、普及していく商
　品。増大する人口、大都市への人口のシフトなど。新技術が可能に
　する新商品）。

④競合状況でシェアトップを割り出す（限定的な供給者。ブルーオー
　シャン）。

⑤技術の長期トレンドが売上と費用との関係で良化する。「表面積が
　付加価値で体積がコスト」の場合は微細化していけば単位コスト当
　たりの付加価値は増大し利益率が改善する。その逆の場合は、大型
　化していけば同様に単位コスト当たりの付加価値が増大していく
　（前者の例：半導体、後者の例：オフィスビル）。

⑥増収が長期で期待できる企業を厳選し、増収による固定費の効率化
　を獲得する［スケールメリット。売上と固定費の比率などによるが
　数％の増収でも数十ベーシスポイント（1％は100ベーシスポイン
　ト）］程度の営業利益率の改善が期待できる］。

⑦経営のトラックレコード、過去の増収率や費用の変化率、配当の変
　化率や株価の変化率から高い成長と低いリスクとが共存していたか
　をチェックする。標本平均ｍと標本標準偏差ｓをさまざまなデー

タ（売上、費用、配当、株価など）で計測する。

⑧多面的な標本を母集団の推定に用い、母平均 μ や母標準偏差 σ を推定する。

⑨機関投資家のようなアクティブ運用者や、業績想定を独自にしている投資家はアナリストの業績成長の期待値と「⑧」で推定された母集団の期待値（以下）とに大きな乖離がないことを確認する。

$$\left(\mu_l - \frac{\sigma_h^2}{2} \right) T$$

⑩業績想定があれば業績想定に基づく期待リターンとリスクを推定して理論株価を算出し、目標株価を想定する。業績想定ができない場合は最も保守的な前提 μ_l と σ_h とでバリューエションを行うとする。

⑪投資判断を行い、必要であればポートフォリオに組み入れる。

⑫ポートフォリオにて目標株価に近づいたものや前提条件が変化したものについては銘柄の入れ替えを行う。

2）売り時について

上記のプロセスの諸条件が変化したときに、プロセスを見直すことで買いであったものが買いではなくなる場合が生じます。

売りの判断をするのは、理論株価が下がるか株価が上がるかで投資する意味が消滅したときです（以下、参照）。

◎潜在的な需要（人々の願いや欲求）が低下したとき
◎顕在化していく需要が想定通りに伸びていないとき
◎新規参入などで競争環境が悪化したとき
◎商品が思ったほど売れないとき
◎増収率が想定以下であるとき
◎利益率が想定以下であるとき
◎保有企業よりも、良い条件の新規買いの企業が見つかったとき

　短期的な業績不安ではなく、長期的な見通しにおける前提条件の見直しにより理論株価が影響を受けることになります。

　市場が大きく下落したとき、あるいは、短期業績が底打ちした直後は、成長率が大きく高まる局面となるので、売り時ではありません。

　逆に、株価が大きく上昇したとき、あるいは、短期業績が出来過ぎと思えるときは、将来の成長率を先食いしている可能性があるので、売り時を考慮することになります。

Quality Growth

巻末コラム

その2

分散投資について

株価の変動率は、銘柄によって異なります。

例えば、銘柄Aの株価の変動率の標本標準偏差をs（A）とします。銘柄Bのそれをs（B）とします。そして、両者の共分散をc（A,B）とします。

このとき、2銘柄のポートフォリオの変動率の分散Vは、Aのウエイトをw（A）として、Bのそれをw（B）とするとき、以下になります。

$$V = w(A)^2 s(A)^2 + w(B)^2 s(B)^2 + 2 w(A) w(B) c(A,B)$$

一般に、ポートフォリオの変化率の標準偏差はAとBの標準偏差の平均よりも低くなります。これを分散効果と呼びます。

（例）

TOPIXと味の素で構成させるポートフォリオがあるとします。TOPIXの変化率の標準偏差が1995年から2022年の年足終値からの計算で22.0％、同期間の味の素の株価変化率の標準偏差が19.0％で共分散が0.9％のとき、5：5で構成したポートフォリオの標準偏差は16.1％まで下がります。22.0％と19.0％の平均は20.5％ですから16.0％との差の4.5％分が分散効果と呼ばれるものです。両者の共分散が低位なため、このような現象が起こります（次ページ上段参照）。

TOPIXが上がる年に味の素が下がる。あるいは、その逆の場合もあります。これが分散効果です。

ポートフォリオの変動率の標準偏差を下げるためには、ポートフォリオの採用銘柄を増やしていけばよいのですが、バランス良く選べば、概ね5銘柄以上で十分な分散効果が得られます。

ポートフォリオ標準偏差	16.1 %
TOPIX 標準偏差	22.0 %
味の素 標準偏差	19.0 %
両社の平均	20.6 %

共分散	0.94 %
TOPIX 分散	4.85 %
味の素 分散	3.63 %
TOPIX ウエイト	50 %
味の素 ウエイト	50 %
ポートフォリオ 分散	2.59 %

　個人投資家の場合、個別株の調査に時間がとれない場合は、ETFを5つぐらい組み合わせるのもよいでしょう。あるいは個別株を2つとETF 3銘柄で分散効果は十分に得られるでしょう。

　また、円安メリット銘柄と円高メリット銘柄を組み合わせると分散効果は得やすくなります。ある企業の売上はある企業の費用になっているようなケースも同様です。

◎付録エクセル（分散効果測定に必要なデータ）
・時系列のデータ
・銘柄Aのウェイト
・Bのウェイト

◎使用する関数
・銘柄 A と B の株価の変化率の計算に LN 関数を用いる

・両社の変化率の共分散の計算にCOVARIANCE.S関数を用いる

・VAR.S関数はAとBの分散の計算に用いる

　合成ポートフォリオの分散は、下記3項を足したものになる

w（A）の2乗にVAR.S（LN関数によるAの株価変化率）をかけたもの

w（B）の2乗にVAR.S（LN関数によるBの株価変化率）をかけたもの

w（A）w（B）COVARIANCE.S（A系列のLN関数, B系列のLN関数）の2倍

$$V(P) = w(A)^2 V(A) + w(B)^2 V(B) + 2w(A)w(B)c(A,B)$$

ただし、Vは分散。wはポートフォリオによるウェイト、cは共分散、$V = s^2$

Quality Growth

巻末コラム

その3

大企業の増収率の分布

1）増収率の分布は「ほぼ」正規分布。増収率のヒストグラムの話

　グローバル企業の1992年から2022年までの売上のデータを参考に1993年から2022年までの増収率のデータをヒストグラムにしたものが以下のグラフです。

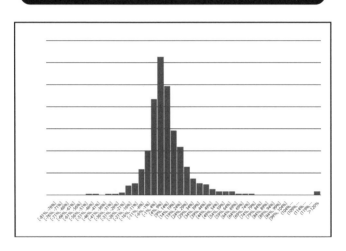

グローバル時価総額上位企業の増収率（1993-2022）

　対象はグローバル株式の時価総額の上位100社です。30年遡れない企業もありますが、遡れる分だけとなりました。100社の増収率のサンプル数はすべて合わせて3132です。その標本平均は12.5％で標本標準偏差は23.9％でした。

　グラフは見ての通り、概ね左右対称といえます。平均から1標準偏差の範囲外にあるのは、次ページの表を見るとわかるように、「全体」の15％程度（8.9％＋6.1％）となっています。正規分布よりも中央にサンプルが偏っている状況です。

　一方で、平均から2標準偏差の範囲外にあるものが全体の4.9％（3.5％＋1.4％）でした。

平　均	12.5 %
標準偏差	23.9 %
全体標本	3929
m ＋ s	36.3 %
m － s	-11.4 %
m ＋ s を超える 割合	8.9 %
m － s を下回る 割合	6.1 %
m ＋ 2s を超える 割合	3.5 %
m － 2s を下回る 割合	1.4 %
m ＋ 3s を超える 割合	1.7 %
m － 3s を下回る 割合	0.3 %

「m ＋ s より大きい」
平均＋標準偏差を超える事象は全体の 8.9%
「m － s より小さい」
平均－標準偏差よりも小さい事象は全体の 6.1%。一方で、正規分布の場合はそ
れぞれ 15 ～ 16% でしたので、この分布の形状は正規分布よりも中央に集団が
寄っている状況。
「m+2s より大きい」
平均＋ 2 倍の標準偏差を超える事象は全体の 3.5%
「m － 2s より小さい」
平均－ 2 倍の標準偏差よりも小さい事象は全体の 1.4% 上下合わせて 4.9%。

資本コストとして「重心」は標準偏差の0.35倍のところにありました。本書では、資本コストの重心を3分の1程度としていましたし、正規分布の場合の重心も0.34程度でしたから、この分布は正規分布としてみなしても、資本コストの計算には影響がないことがわかります。

　さて、増収率には、以下のような特徴があります。

①ほぼ正規分布と見なしてよく、特に資本コストは、計算上、正規分布と仮定してまったく問題がない
②ただし、1標準偏差内に正規分布よりもやや多くデータが集まり、2標準偏差内に正規分布と同じぐらい分布するものの、3標準偏差内には正規分布よりもかなり多く分布するので、業績や株価の変化率の分布は正規分布よりもロングテールと呼ばれている

2）日本企業の増収率の分布について

　米国企業の増収率と同様、左右がほぼ対称です（次ページ上段）。3σを超えた部分が全体の2.8%もあり、正規分布よりもかなり高い水準でロングテールとなりました（次ページ下段）。平均から2σを超える部分は4%台であり、正規分布と同様の水準でした。

　また、平均から1σ以内に全体の86%が集まり、正規分布よりも平均まわりの密度が高いヒストグラムとなりました。平均よりも左側の中央値は想定通りσの3分の1のところにあります。

　株価の分布も増収率の分布と同様に中央に分布が集まりつつも、正規分よりもロングテールになっています。

時価総額上位の日本企業増収率のヒストグラム (1974-2023)

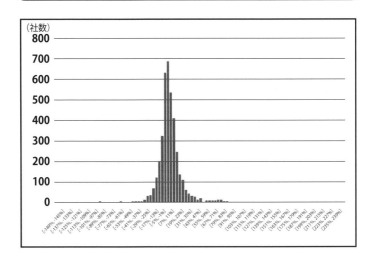

平　均	6.8 %
標準偏差	20.1 %
全体標本	3929
m＋s	27.0 %
m－s	-13.3 %
m＋s を超える 割合	7.8 %
m－s を下回る 割合	5.8 %
m＋2s を超える 割合	3.2 %
m－2s を下回る 割合	1.7 %
m＋3s を超える 割合	1.8 %
m－3s を下回る 割合	1.0 %

Quality Growth

巻末コラム

PER と ROE

米国株では、マグニフィセント 7 （The Magnificent Seven）と呼ばれる超大型の成長株が存在しています。GAFAM と呼ばれる主要5銘柄［グーグル（＝アルファベット）、アップル、メタ・プラットフォームズ（＝フェイスブック）、アマゾン・ドット・コム、マイクロソフト］に、テスラとエヌビディアを加えたアメリカの主要テクノロジー企業7社のことです。

　これら企業の PER が執筆時の 2023 年 12 月現在、約 27 倍程度で取引されています。
　一方、マグニフィセント 7 を除く米国株の PER は 16 倍程度で取引されています。

　ここで、マグニフィセント 7 の ROE が 30 ％程度であり、それ以外の米国株の ROE が 13 ％程度とします。
　一般的に、ROE30 ％が期待できる企業と、それが 13 ％である企業との PER のギャップはどの程度あるべきでしょうか。これらの ROE がどの程度の期間、維持できるのか、その確かさなども絡んで簡単な問題ではありません。

　ROE の連続複利化は、以下で計算します。

$$\text{ROE} = \text{LN}（1＋純益／自己資本）$$

　例えば、純益が 1 億円で、自己資本が 10 億円の場合、ROE は通常 $1 \div 10$ で 10 ％になりますが、これは単利の考え方です。本書では連続複利で成長率を考えるため、上記の式になります。
　ただし、ROE（1 －配当性向）が BPS や配当、利益の成長率であることを考慮すると、保有期間を T 年としたときに将来の利益が何

倍になるかは、以下のように計算できます。

$$EXP\{ROE(1 - 配当性向)T\}$$

つまり、

$$27／EXP\{0.30(1 - 配当性向)T\} = 16／EXP\{0.30(1 - 配当性向)T\}$$

となるTが存在します。

　配当性向をゼロとすれば、上記で

$$27／EXP(0.30T) = 16／EXP(0.13T)$$

となるTが求まります。

$$EXP(0.13T)／EXP(0.30T) = 16/27$$
$$EXP\{(0.13 - 0.30)T\} = 0.59$$
$$EXP(-0.17T) = 0.59$$

　両辺を対数でとれば、以下になります。

$$-0.17T = LN(0.59)$$
$$T = 0.527／0.17$$
$$= 3.1（年）$$

つまり ROE で利益成長が期待できるのであれば、4年も待たない
うちに PER の水準は並んでしまうことになります。
　30％成長の場合、4年連続複利で 3.3 倍になります。PER27 倍は 8.2
倍に低下します。
　13％成長の場合、4年連続福利で 1.7 倍になります。PER16 倍は 9.4
倍に低下します。
　結果として、4年保有するならば、より割安なのはマグニフィセン
ト7であると計算できます。

　もちろん、「わたしは1年の保有で考えている」という短期投資の
方々もいるでしょう。あるいは、ROE30％が4年続くことはないと
考える方もいるでしょう。市場にはさまざまな考えが交錯しています
から、それでいいのです。

　ただ、「成長率」と「成長期間」の積の大きさは重要です。それが
株価の価値を決める大きな要因になるからです。T＝0のときだけで
PER を単に比較することにはそれほど意味がありません。ブルーオー
シャン投資戦略ではクオリティ・グロース銘柄の T 年後の業績想定に
対して、ある程度の確度があるならば、割高や割安の判断には業績想
定期間 T と、ROE の安定感や水準感、それらの確かさも考慮に入って
くるのです。

　ROE と PBR との関係にも少し触れてみます。配当や BPS の成長率は
「ROE（1－配当性向）」です。
　ROE は年間純益を BPS で割ったものです。
　純益は配当（外部流出部分）と内部留保の部分に分けられます。こ
のうちの内部留保率が（1－配当性向）です。BPS が内部留保によっ
て年間どれだけ増えるかの指標が「ROE（1－配当性向）T」です。

T 年後の BSP は現在の BPS に以下を掛けたものとなります。

$$EXP\{ROE(1 -配当性向)T\}$$

PBR は株価を BPS で割ったものですから、仮に今の PBR が 0.6 倍であったとしても、その企業の ROE が一桁しかなければ、将来も精々、PBR は 0.5 倍程度に過ぎません。

ところが、ROE が 30％あれば、配当性向がゼロとすると、4 年で BPS は 3.3 倍になります［EXP（0.30× 4）＝ EXP（1.20）＝ 3.3］。今の PBR が 1.6 倍であっても、4 年後には 0.4 倍台に低下します（1.6 ÷ 3.3 ＝ 0.48）。

要するに、現在の PBR が 0.6 倍だからといって、それが低いとは一概に言えないのです。その意味では ROE の将来の平準的な水準感というものが重要となります。

繰り返しになりますが、成長率と成長期間との積の大きさが企業価値の変化量であることを認識してください。

見かけの PER や PBR の低さではなく、成長期間や成長率に対する見通しや確度もまた株式投資には重要な要素なのです。

Quality Growth

巻末コラム

その5

成長のパラドックスと2段階の割引配当モデル（あるいは配当割引モデル）

本書では、売上データを基に話をしてきましたが、対象を配当や株価とすることもできます。売上の場合と同様、それらの変化率の母平均や母標準偏差を推定していくのです。

　例えば、理論株価 P は、永久成長率 r と永久配当成長率 g と現在の配当 d で以下のように記述されます。

$$P = \frac{d}{r-g} \quad \text{※ただし、} g = \mu - \frac{\sigma^2}{2}$$

　さて、株価や配当は正の数であるため、r − g は正の数でなければなりません。ここから「r ＞ g」という条件が設定されます。

　しかし、ブルーオーシャンの特徴を持つ市場では、往々にして、一定期間において大きな成長に比して低いリスクが両立します。これが成長期間 T 年の間だけ、保証できる高成長率「g」と低資本コスト「r」とが存在し、その期間は「g ＞ r」となると想定できるのです。

　そこで、グロースリターンとして定義した EXP｛(g − r)T｝という配当成長を達成した後に、市場平均で評価してみましょう。

　市場平均ではインデックスのスプレッド（市場の配当利回り）を市場の永久成長率と永久資本コストとの差と見ればよいわけです。

　つまり、当該証券の T 期間の配当成長率 g（上図の ※ 参照）と資本コスト「r」とインデックスの配当利回り「y」としたときに理論株価を以下のように設定できるのです。　これを 2 段階割引配当モデル（2 段階 DDM）と呼びます。

$$P = \frac{\text{EXP}((g-r)T)}{y} = \frac{\text{EXP}(gT)\,\text{EXP}(-rT)}{y} = \frac{\text{EXP}(gT)}{\text{EXP}(rT)\,y}$$

例えば、市場平均の配当利回りが2％で当該証券の利回りが1％のとき、「EXP ｛(g－r) T｝ > 2」であれば、当該証券は市場よりも割安と判断できます。

（例）

　業績想定期間 T が10年、その間の配当成長率15％とします。また、資本コスト5％で、市場の配当利回りが2％（市場の永久資本コストと成長率との差）であるとします。

　配当の変化率は、分析対象企業の過去の配当のデータから計算します。まず、変化率の標本平均と標本標準偏差を算出します。それから、本書の売上想定の手順と同様に配当変化率の標本数から算出した自由度を決めて、将来10年間の配当成長率の母平均「μ」と母標準偏差「σ」を推定します。

　ここで、無リスク資産の利回りを「 f 」とします。結果、今後10年間の資本コスト「 r 」は、母標準偏差「σ」の3分の1とリスクフリーレート「 f 」との和とします。

　つまり、今後10年間の配当成長率は以下とします

$$g＝\mu$$

同様に資本コストは以下とします。

$$r＝\sigma /3+f$$

　予想期間を超える11年目以降は、市場平均の評価をします。そこで現在の市場の配当利回りが2％ならば、それを適用します。その内訳はわかりませんが、市場の永久資本コスト r と永久配当成長率 g と

の差が２％であることはわかっています。便宜的に、ここでは、市場の永久資本コストを７％とすれば市場の永久配当成長率は５％となります。それを表としたのが以下の表です。

T	g	r	備　考
1	0.15	0.05	
2	0.15	0.05	
3	0.15	0.05	
4	0.15	0.05	
5	0.15	0.05	アナリストの予想期間
6	0.15	0.05	
7	0.15	0.05	
8	0.15	0.05	
9	0.15	0.05	
10	0.15	0.05	
11	0.05	0.07	
12	0.05	0.07	
13	0.05	0.07	
14	0.05	0.07	
15	0.05	0.07	
16	0.05	0.07	
17	0.05	0.07	市場平均での評価
18	0.05	0.07	
19	0.05	0.07	
20	0.05	0.07	
21	0.05	0.07	
22	0.05	0.07	
23	0.05	0.07	

2段階DDMでは成長期間Tの後、市場のスプレッドで株式を評価することになります。

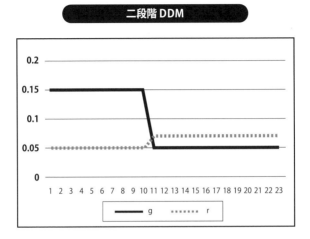

　さて、本書の立場ではもう一段踏み込むことが可能です。それは、いわば「クオリティ・グロース投資家のためのバリューエション」です。

　資本コストをリスクプレミアム「rp（= σ /3）：クオリティリスク」とリスクフリーレート「f」とに分けて考えます。リスクプレミアム「rp」は成長期間Tの平方根に比例して大きくなります。よって、以下のように成長期待「g」に届かないという下振れシナリオを織り込んだ理論株価（P）になりえるのです。

$$P = \frac{EXP((g-f)T)EXP(-rp\sqrt{T})}{y} = \frac{EXP(gT)EXP(-fT)EXP(-\frac{\sigma}{3}\sqrt{T})}{y}$$

$$※ただし、g = \mu - \frac{\sigma^2}{2}$$

将来の下振れシナリオ EXP（gT）EXP（− rp$\sqrt{T}$）を、リスクフリー EXP（− fT）で割り引いたものです。ここで rf は長期国債利回りの将来の平準的なイメージで、rp は σ の信頼区間の最大値 σ_h を 3 で割ったもの、つまり「rp ＝ σ_h/3」としたのでした。

◎グロースリターン

$$g = \mu_l - \frac{\sigma_h^2}{2} \text{（最も保守的な想定）}, \quad g = m - \frac{s^2}{2} \text{（中立的な想定）}$$

◎グロースリターンファクター

$$\text{EXP}(gT) = \text{EXP}\left\{\left(\mu_l - \frac{\sigma_h^2}{2}\right)T\right\}$$

◎クオリティリスクファクター

$$\text{EXP}\left(- rp \sqrt{T}\right) = \text{EXP}\left(-\frac{\sigma_h}{3}\sqrt{T}\right)$$

◎クオリティ・グロース判別式

$$\text{EXP}\left\{\left(\mu_l - \frac{\sigma_h^2}{2}\right)T\right\}\text{EXP}\left(-\frac{\sigma_h}{3}\sqrt{T}\right)\text{EXP}(-fT) > 1$$

※1：ただし、Tが想定内であること　※2：209ページの式と同じもの

（上の数式の解釈）
◎グロースリターン
　成長率の期待値「g」については、母平均の区間推定の最低値 μ_l と母標準偏差の最大値 σ_h とを用いて計算する。

◎グロースリターンファクター

現在の業績が T 年後に何倍になるかの期待値。平均と標準偏差については、区間推定の中央値か、1 行目で用いた保守的な想定を使う。

◎クオリティリスクファクター

将来の期待業績を時間の平方根で割り引いくためのディスカウントファクター。資本コストの大部分を占めるリスクプレミアムの 3 分の 1 の水準で割り引くことにした。

◎クオリティ・グロース判別式

保守的な想定による将来業績の「現在価値」とも言えるもの。リスクフリー分を現在価値に割り引いている。

巻末コラム

その6

なぜ標準偏差は時間比例しないのか？

リスクが時間比例はしない。これは長期投資家にとって、もっとも大切なことのひとつです。

さて、パスカルの三角形というものがあります（次ページ上段のものです）。これは組み合わせの数で構築された三角形です。

この三角形について、「株価が上がるか、下がるか」という例で説明します。

まず、株価が上がる箱と下がる箱を用意します。１年保有後、２年目には、株価は期待以上に「上がるか」「下がるか」のどちらかになります（次ページ下段の図参照）。

株価は、上がったり下がったりを繰り返します。例えば３年目でも同様に、「上がるか」「下がるか」のどちらかに動いた結果、以下の４つのパス（※「上上」や「上下」のこと）が生まれます。

①２年とも上がる。これを「上上」と表記します
②１年目に上がる。２年目に下がる。これを「上下」と表記します
③１年目に下がる。２年目に上がる。これを「下上」と表記します
④２年とも下がる。これを「下下」と表記します

このように、「"上がる"か"下がる"かという２つの事象からどちらかを選ぶ（２つの中からひとつを選ぶ）」ということを年数分だけ掛け合わせることで、パスの種類を計算できます。

２つの中からひとつを選ぶことを「２からひとつを選ぶ順列」と言います。エクセル関数では、順列は PERMUT 関数で計算できます。この場合、PERMUT（2,1）で計算できます。

「２（＝「２」つのうちから、どちらかを選ぶこと）」の試行 n 回は、２の n のべき乗（2^n）のパスの数になります。上記の例では試行回

◆パスカルの三角形

1						1				
2					1		1			
3				1		2		1		
4			1		3		3		1	
5		1		4		6		4		1	
6		1		5		10		10		5		1
7		1		6		15		20		15		6		1
8		1		7		21		35		35		21		7		1
9	1		8		28		56		70		56		28		8		1

◆パスカルの三角形の解説

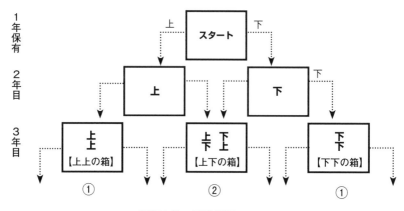

◎箱の数＝投資期間
◎パスの種類≠箱の数
◎丸数字（①や②など）＝パスの数

【投資期間の平方根の数の箱に多くのパスが集まる】
4年なら、4個の箱の中で中央部の2つ
9年なら、9個の箱の中で中央部の3つ
16年なら、16個の箱の中で中央部の4つ

数は2ですから、n＝2です。2の2乗は4で上記のパスの種類（上上、上下、下上、下下の4つ）と合致します。

　ところが、「上下」と「下上」は結果としては「（収支が）トントン」です。この両者を区別しない数え上げを高校数学では「組み合わせ」と呼びます。エクセル関数ではCOMBINで計算できます。

　「上上」「上下」「下上」「下下」のプロセスでは、「上下」と「下上」を同一視します（前ページの下段の図で言うと、【上下の箱】に入るということ）。「上上」（ひとつのパス）と「上下および下上」（2つのパス）と「下下」（ひとつのパス）と見なして、前ページの絵のパスカルの三角形の3つの箱は1－2－1という数字に帰結します。

　2回の試行なので2を引き渡し、COMBIN（2, ○）として、「上」となる回数（ゼロ回から2回）を2番目の引き渡しに入力します。2回の試行で、2回とも上がる場合はCOMBIN（2,2）とします（下図の点線枠参照）。

$$_1C_1 \quad _1C_0$$

$$_2C_2 \quad _2C_1 \quad _2C_0$$

$$_3C_3 \quad _3C_2 \quad _3C_1 \quad _3C_0$$

$$_4C_4 \quad _4C_3 \quad _4C_2 \quad _4C_1 \quad _4C_0$$

$$_5C_5 \quad _5C_4 \quad _5C_3 \quad _5C_2 \quad _5C_1 \quad _5C_0$$

※CはCOMBINの頭文字「C」

エクセル関数表記	COMBIN (2,2)	COMBIN (2,1)	COMBIN (2,0)
組み合わせの種類	1（上上）	2（上下と下上）	1（下下）

3回の試行ではパスは2の3乗の8種類となります。数え上げれば、「上上上」「上上下」「上下上」「下上上」「上下下」「下上下」「下下上」「下下下」の8つです。

　組み合わせでは「上上下」と「上下上」と「下上上」という3つのパスを同一視します。つまりCOMBIB（3,2）は計算すると「3」になります。同様に「上下下」「下上下」「下下上」も同一のものとします。COMBIN（3,1）も計算すれば「3」になります。結果として、パスカルの三角形の4つの箱は1－3－3－1となります。パスの数は8つなのに、箱の数は4つです。指向を繰り返すと、パスの数のほうが箱の数よりも圧倒的に大きくなります。

　4つの箱1－3－3－1における最初の「3」には違う3種類のパス（「下下上」「下上下」「上下下」）という、「ちょっと下がった」という事象を一緒にして入れています。この3通りのパスは、厳密には違う経路を辿っているのですが、同じ箱に分類しているのです。

　経済事象としては、上がって下がるも、下がって上がるも、要するに「トントン」と見なして同じ箱に入れるわけです。パスの種類は2のべき乗で広がっていきます。1－3－3－1の場合は、全部足せば「8」で、これは2の3乗でもあります。

　1－3－3－1という4つの箱のうち、両側の箱（「上上上」と「下下下」）は確率的に8分の1しか生じません。したがって、真ん中の2つのパス（3－3）に4分の3の確率で事象が集まる。これが4年で標準偏差が2倍にしかならないという確率的な意味です。4の平方根である「2」つの箱におおよその事象が集まります。リスクが時間に比例しないことの組み合わせ論からの説明です。

　ここは難しいかもしれないので読み飛ばしていただいても結構です

が、仮にリスクが時間に比例するならば、上の4つの箱には同じだけのパスが入っていなければなりません。その場合は分布の種類は一様分布と呼ばれるものになります。

　もうひとつ例を挙げます。パスカルの三角形で9つの箱（1－8－28－56－70－56－28－8－1）がある段を見てください。2の9乗は256です。これがパスの数です。

　ところが、箱の数は9つだけです。組み合わせの数はエクセルではCOMBIN関数ですが、これらの9つの箱に入るパスの数は、COMBIN（8, n）で計算できます。nは、「上」や「下」という事象の回数を表します。この場合、nは0から8まで（全部上がるのは下×0。全部下がるのは下×8というパス）の9つの値を動きます。

　ともかく「1－8－28－56－70－56－28－8－1」という9つの箱には、全体で2の8乗である256のパスがあるのですが、真ん中3つの箱にパスが集中しています。

　ここで、真ん中の3つの箱「56－70－56」にパス全体の71％が集まっている点に注目してください。

　真ん中の箱（70通り）の期待値は平均並みのリターン。その左側の箱（56通り）には下がる事象の中央値が、右側の箱（56通り）には上がる事象の中央値が入っています。9つの箱があっても、期待値として平均から1標準偏差内（3分の1程度）に納まるのは、3つの真ん中の箱だけなのです。9個の箱があっても、3つの箱で大方収まります。左右の端という極端な事象はほぼ起こりません。

　つまり、「9」の平方根である3つの箱だけに確率的には7割を超えた組合わせが存在しているのです。両端が滅多に起きないことで、われわれは長期で保有すると、およそ中庸な結果が期待できるというわけです。

箱の数（経済的事象の区別の数）はすべてのあり得る事象を押さえてはいるのです。しかし、その経緯（パスの数）を見れば、紆余曲折があっても、実際に起こりうる確率の高さは中央に集中しているとわかるのです。

　時系列データで標準偏差と言われたものは、組み合わせ論では中央に置かれた7割程度のパスを集めた箱の数のことなのです。そして、それは箱の数の平方根の数だけあることが上の観察からわかります。

　「1-3-3-1」という4つの経済的な4種類の結果は、これを4年の株式の保有に読み替えることができます。確率7割で、中央の「3-3」がもっともあり得る2つの箱であり、4の平方根の2がリスクの大きさになります。もちろん、8分の1の確率で「下下下」という賽の目が出てしまいます。これを完全に避けることはできないので、投資にはリスクがあるのです。ですが、8分の7の確率で、「下下下」のようなひどいことにはならないと言えるのです。

　このパスカルの三角形では、上と下の確率をそれぞれ2分の1としましたが、実際の過去の統計では、株価は数%程度の上方への傾き（ドリフト率）があります。パスカルの三角形は単純なモデルですので、上方への傾きが強いのであれば、上と下との比較で、「上に向かうほうの確率が高い」という理解になります。例えば、勝ちと負けの差が6%になるような確率は、上が53%で下が47%となります。このような確率でパスを考えると、1回の試行のたびに6%が加算されていくということになります。長期保有が有利になるからくりは試行の数（長期投資家にとっては保有の年数）だけ、勝つ確率が高くなっていくところにあるわけです。

　一般に、「試行数nに対してk回その事象が生じる組み合わせの数（k

はゼロ以上 n 以下）は、次の式で計算できます。！マークは階乗を意味します（5！＝5＊4＊3＊2＊1）。

$$n! \diagup \{(n - k)!k!\}$$

Quality Growth

巻末コラム

その7

事例　村田製作所のコンデンサ事業

1） 統計分析

　村田製作所のホームページの IR 資料より、決算説明会の資料から
コンデンサ事業の売上を拾い、過去 10 年のコンデンサ売上の増収率
を計算したところ、標本平均が 14% で標本標準偏差が 10% となりま
した。自由度は 10 です。ここから推定される母平均の最小値は本書
の手順で計算すれば、$\mu_1 = 7.3\%$ となります（次ページの「その 1」
参照）。

（使う材料）
標本平均　　　：14%
標本標準偏差：10%
自由度　　　　：10

　次に、ボトムアップで業績の想定をしていきます。例えば、自動車
市場において、次のようなことを前提に業績を想定をしていくのです。

①さまざまな調査を行ったうえで EV の需要が 9 年で 3 倍に増えること
②員数（1 台当たりの MLCC の搭載個数）が 2 倍になること

　村田製作所のコンデンサ事業における自動車市場のウェイトは 4 〜
5 割なので、他分野の成長をゼロとしても、売上が概ね 9 年で 2 〜 3
倍ぐらいにはなるでしょう。仮に、9 年で 3 倍になれば、年率の増収
率平均は 12%（連続複利）になります。9 年で 2 倍であれば、年率の
増収率平均は 7 〜 8% となります。
　一般的に費用には固定費が存在するために、増収率がしっかりとプ
ラスであると、利益の伸びである増益率はそれ以上になる傾向があり
ます。

◆その1

標本平均m		0.14	
標本標準偏差s		0.10	
標本数N			11
自由度＝標本数ひく1＝N-1	N=10よりN-1=		10

◆その2

区間推定で母平均の下限を求める。	
T.INV.2T(0.05,自由度)	2.228138852
s	0.10
s/(N^0.5)	0.030151134
T.INV.2T(0.05,自由度)*s/(N^0.5)	0.067180914
m-T.INV.2T*s/(N-1)^0.5	0.0728190858831664
μ l	7.3%
ちなみに最大値μhは	20.7%

区間推定で母標準偏差の最大値を求める。	
CHISQ.INV(0.025,自由度)	3.246973
(N-1)(s^2)/CHISQ.INV(0.025,自由度)	0.030798
母標準偏差の最大値σh= [(N-1)(s^2)/CHISQ.INV(0.975,N－1)]^0.5	0.175493
リターン（母平均の推定最小値μl）	7.3%
リスク（母標準偏差推定最大値σh）	18.1%
とした最も保守的な想定でどうなるかを見る。	

◆その3

判別式1				
次に $\mu l - \sigma h^2/2$ を求める。				
$\mu l - \sigma h^2/2$		5.7%	ここが正であるので投資適格	
今後の売上の想定その1 （将来の期待値　確率5割以上）				
EXP$\{(\mu l - \sigma h^2/2)T\}$				
5年後		1.33	倍	
10年後		1.78	倍	
15年後		2.37	倍	

◆村田製作所のコンデンサ事業の売上想定

今後のリスク込みのシナリオ　（リスクプレミアム込み　確率7割以上）				
EXP$\{(\mu l - \sigma h^2/2)T\}EXP(-\sigma h/3*T^{0.5})EXP(-fT)$				
5年後		1.08	倍	
10年後		1.27	倍	
15年後		1.51	倍	
ただしリスクフリー f を1，5％と想定				
判別式2について　上記が1を超えているのですべて成り立っている。				
ちなみに	判別式その2　T=5で成立			
	$(\mu l - \sigma h^2/2)T$	$\sigma/3\ T^{0.5} +fT$	成立	
T=5	28.7%	21.0%	○	

世の中でこれから益々普及が進んでいくものであるとか、当該企業の市場占有率（シェア）が上がっていく見通しであるとか、ともかく、その製品に対する潜在的な需要が大きくなると信じるに足るものがなければ長期の投資の対象にはなりません。

ここで297〜298ページ（統計分析）を見てください。

「将来の需要増を当該企業が獲得できるだろう」という強い確信が持てた段階で、保有を開始します。リターンに直結するプラスの増収率の平均は時間に比例しますが、標準偏差（成長ストーリーを阻むリスク）はは時間には比例しません。9年で平均は9倍になりますが、標準偏差は3倍にしかなりません。平均をリターンとして、標準偏差をリスクとしてその関係を良化することが運用の仕事です。

リスク・リターンの関係の良化には以下が寄与します。

①**成長する株を選ぶこと。増収率の平均が高いこと。増収率の標準偏差が低いこと。**
②**ポートフォリオで運用し、個別株がバランスよく分散されていること**
③**長期で保有を心掛けること**

さて、村田製作所のコンデンサ売上の利益率について見ていくと、概ね20%以上を記録していることが決算説明会資料からわかります。コンポーネント事業の中にコンデンサが含まれており、そのコンデンサの中身のほとんどはMLCCと呼ばれる積層セラミックコンデンサです。

積層セラミックコンデンサの性能の中で静電容量と呼ばれるコンデンサの基本性能は、絶縁層と呼ばれる層の厚みに反比例することが知

られています。つまり、コンデンサという商品は、材料を薄くすれば
それだけ付加価値が増すという関係にあります。薄くすれば材料の量
は少なくなります。変動費が下がります。一方で、容量が上がるので
価格が上昇します。

　また、差別化要因といって、他社がよりも薄く作ることができれば、
競争優位となり、高い価格付けが可能になります。

　現在の20％台のセグメント利益率は、スケールメリットとテクノ
ロジーのトレンドの両面から、時間とともに向上していくと考えるこ
とができます。

　仮に売上が2倍になり、利益率が1.5倍になれば、利益は3倍にな
ります。そのように長期で考えることができるのです。

　これが長期投資をするメリットです。

　村田製作所のコンデンサ事業の場合、計算上、高い確度を持って
15年後には少なくとも売上は1.5倍になることがわかりました。利益
率が30％近くまで高まると想定すれば、利益率が1.5倍となります。
これを受けて1.5に1.5をかければ2.25倍となります。

　この計算をすべてのセグメントで行う必要があります。村田製作所
の場合、インダクタも同様の成長性と収益性が伴っています。

　また、メトロサークと呼ばれる高機能基板も高収益と高成長を伴っ
ています。SAWフィルター関係も、同様に高収益を伴っています。
ただし、フィルター類は成長性については慎重さも必要な分野です。

　一方で、電池については課題が多く、価値を創出できません。むし
ろ価値を破壊する可能性に留意が必要です。

　ともかく、多くのグローバル企業では、増収率の期待値5％で15
伸びれば、売上は2倍を超える想定ができます。市場平均のPERが
15倍であれば、その2倍までは買えるということになります。つまり、

短期はともかく、長期的には村田製作所の PER はおよそ 30 倍まで買えるということになります。

　運用の現場では、もう少し想定年数を短くする代わりに、区間推定では中央値を使うことで投資機会を確保するケースが多いのですが、区間推定の最小値 μ_l と最大値 σ_h を使っても業績が伸びていくような企業であれば、長期保有に適う条件を満たしていると考えてもよいでしょう。

２）アナリスト独自の業績想定との比較

　アクティブ運用では、アナリストの綿密かつ入念なディープリサーチによって作成された業績想定を使います。多くの機関投資家では、アナリスト自らが目標株価を想定しているからです。機関投資家のアクティブ運用では、アナリストの独自の視点をアルファとして活用している場合が多いのです。

　ここで、アナリストの想定した T 年後の売上を X とします。現在の売上を A としたときに、LN（X/A）／ T > μ_h を超えているときには、アナリスト想定が強すぎると考えます。
　アナリストの業績想定では、リスクが定量化されていないことが多いため、結果として、成長率の期待値の正当性や妥当性を議論することになります。
　この「アナリストとの対話」の中で、時系列データの区間推定とかけ離れている想定であれば、過度に楽観的であると考えられます。

　過度に楽観的であるかどうかは、以下のことが言えるかどうかでしょう。

LN（アナリスト業績 / 直近の業績）/（アナリスト業績想定期間）が
区間推定の最大値 μ_h を超えるかどうか

　式に表すと次のようになります。

$$\frac{LN（アナリスト業績／直近の業績）}{アナリスト業績想定期間} > \mu_h$$

　この場合、アナリスト側の調査に見落としがあるかもしれません。
再度、仮説や業績想定の前提をチェックすることになります。つまり、
調査のやり直しをすることになります。

　村田を担当するアナリストは、今回、電気自動車の普及などによっ
て MLCC やインダクタ、高機能多層基板なども順調に拡大し、将来、
利益率が 1.5 倍程度になり、売上は 2 倍を超えてくると想定していま
す。

　例えば、10 年で 3 倍となる成長率（＝アナリストの想定したもの）
があれば、つまり、LN（3）/10=0.11 ですから、年率 11％の連続複
利成長をアナリストは期待していることになります。

　一方で、過去の同社の時系列データから推定した区間推定の最大値
μ_l のほうが "それ（成長率）" よりも大きいとき、このアナリスト想
定は過度に楽観的ではないと言えるでしょう。

3）捕捉：解析の手順

①時系列データ（例えば売上）1 系列を揃える。例：X1、X 2、X 3

②連続複利に直す。
　例：LN（X2/X1），LN（X3/X2）

③年率の平均を出す。

　例：AVERAGE［LN（X2/X1），LN（X3/X2）］

④年率の標準偏差を出す。

　例：STDEV.S［LN（X2/X1），LN（X3/X2）］

⑤成長期間をT年と想定する。例えば9年。

⑥区間推定で母平均の区間最小値と母標準偏差の最大値を定める。自由度が必要になる。

⑦成長率の期待値は母平均の推定区間の最低値 μ_l と母標準偏差の推定区間の最大値 σ_h から以下の式A（グロースリターン）となる。そして、成長期間Tを含めた式B（グロースリターンファクター）が将来に売上が何倍になるかの極めて保守的な目安になる。

$$式A：\mu_l - \frac{\sigma_h^2}{2} \qquad 式B： EXP\left\{\left(\mu_l - \frac{\sigma_h^2}{2}\right)T\right\}$$

⑧また、以下の式が期待値に届かないリスクの中央値のプレミアム、つまりクオリティリスクとなり、その値で割り引くべきディスカウントファクターとなる。リスクフリーを「f」とすればEXP（− fT）が現在価値への割引のためのもうひとつのディスカウントファクターになる。

$$EXP\left(-\frac{\sigma_h}{3}\sqrt{T}\right)EXP(-fT)$$

⑨これにより、以下の式の値が「1」を上回るような投資案件はクオリティの高い案件であると想定できる。T年後という将来の売上のリスクを織り込んだ現在価値もこれによって計算できるようになり、その現在価値にスケールメリットとテクノロジーメリット（表面積が付加価値で体積がコストなど）の両方を加味してEPSを算出すれば、それは将来のT年後のEPS（リスク織り込み済みの価値）と判断できる。

（クオリティ・グロース判別式）

$$\mathrm{EXP}\left\{\left(\mu_{\mathrm{l}} - \frac{\sigma_{\mathrm{h}}^2}{2}\right)\mathrm{T}\right\}\mathrm{EXP}\left(-\frac{\sigma_{\mathrm{h}}}{3}\sqrt{\mathrm{T}}\right)\mathrm{EXP}(-f\mathrm{T}) > 1$$

※1：つまり $\left(\mu_{\mathrm{l}} - \frac{\sigma_{\mathrm{h}}^2}{2}\right)\mathrm{T} > \frac{\sigma_{\mathrm{h}}}{3}\sqrt{\mathrm{T}} + f\mathrm{T}$ となるTが予想期間内に存在しているということ

※2：209ページの式と同じもの

⑩そのT年後のリスク込みのESPの現在価値を市場平均の利回りで評価して現在の株価よりも高ければ、長期保有に適う銘柄、つまりクオリティ・グロース銘柄であると言えるだろう。

⑪セグメントの数だけ同じことを繰り返して、全体を考慮して全社的な評価を下すようにする。

Quality Growth

巻末コラム

その8

企業は有望事業を
どう見出しているのか？

伸びる市場があらかじめわかっているとしましょう。

ただ、伸びる市場だからといって、そこに参入するだけでは新規事業の成功は期待できません。

例えば、あなたが体操の選手だとして、重量挙げが有望だからといって重量挙げの世界選手権に出場しても優勝することはできないでしょう。体格や筋力など、体操と重量挙げでは、要求されるものが違いすぎるからです。もしどうしても重量挙げの大会で優勝を目指すのであれば、重量挙げの才能に溢れた若者をスカウトして、コーチングやサポート、応援やカンパなどで関わるしかないでしょう。

企業が有望事業を見つける手法も同様に、その企業が得意な分野でなければなりません。

もし得意な分野ではない市場に参入するならば、それが得意な人々を意味のある単位（十数人）でリクルートするか、その分野で強い企業を買収するか、のどちらかです。

富士フイルムという企業は、積極的に買収を仕掛けています。

彼らの得意な分野は、歴史的には銀塩フイルムの製造販売です。写真という感光性材料は有機化学の市場です。ナノベースの原子・分子構造の制御、あるいは、高純度を達成するためのノウハウなどが彼らの強みです。化学を深く理解できるエンジニアや研究開発者が多数いることで、バイオ薬品の受託製造という分野に新たにターゲットを定め、大型買収を成功させてきました。

このように、要素技術（製品やサービスを構成する、個々の技術のこと）をベースにして、その要素技術が活きるように業況を拡大してきたのです。

2つの市場（写真と製薬）において、顧客層がまったく違うのに、

要素技術は共通している。そのようなケースでは、要素技術を武器にして新しい市場を開拓することができます。

　体操が得意な選手が、新体操の大会を目指すというのであれば、ある程度の成果は期待できます。体操と新体操とでは要素技術が共通している部分も多いでしょう。水泳のクロールの得意な選手がバタフライを習得するというのも、同様です。

　もうひとつのパターンが、顧客を軸に業況を拡げるパターンです。富士フイルムの場合、半導体の材料としてCMPスラリーと呼ばれるものやレジストと呼ばれるものが、（半導体メーカーから）高く評価されています。半導体メーカーとの対話の中で、彼らは洗浄のための中間プロセス材料の企業が必要だと考え、実際、新たに買収しました。化学という要素技術が共通しているうえに、顧客も共通しているため、アップセルと呼ばれる一顧客当たりの売上を増加させる戦略が新プロセスの販売によって可能になります。

　「企業が何に注目しているか」は、プレスリリースや説明会資料に紹介されています。「この分野を狙っているよ」というメッセージを企業はIR資料で定期的に発信しています。企業は10年後や20年後を見据えて戦略を立てています。富士フイルムがバイオ医薬品の受託製造会社であるMSD Biologics（UK）Limited社およびDiosynth RTP Inc. 社を買収したのは2011年のことです。もう10年以上前に、バイオ産業に参入を果たしているのです。

　企業のHPには企業の歩みや社史が掲載されています。この数年で買収したものが、10年先や20年先に大きく花を開くかもしれません。
　企業はこのように絶えず、自らの強みを自覚し、自らが強いところをより強くしようとしています。

成熟事業であっても、シェアを高めることで、価格支配力を強化することもできます。銀塩フイルムはデジタル化の流れで市場規模は大きく縮小してしまいましたが、その結果、富士フイルムはinstax（チェキ）というフイルム付カメラで極めて高いシェアを達成することができました。セグメントの営業利益率は２割を超える高収益事業となり、高水準のキャッシュフローをもたらす事業へと変貌しました。

　もちろん、新規市場を自ら作るという気概も重要です。潜在的な需要はあるものの、いまだに顕在化されていない需要を特定して、製品化していく。これは非常にチャレンジングな試みですが、だからこそ、競合を排除して独占に近い情勢を生む可能性があります。

　半導体の材料の分野では、純度を一桁上げることができれば、破格の価格で取引できる場合があります。純度が一桁違うことが顧客の歩留まりに多大なる影響を与えることも多いのです。純度を一桁上げることができれば、ブルーオーシャン市場を作ることにつながるのです。

　観察や分析の世界も同様です。これまで観察できなかったものが観察できるようになれば、それは新しい市場を生みます。電気が発明されたら家電が普及したときと同じようなことが生じるのです。

　以下、有望な市場の見つけ方を簡単に紹介しておきます。

【有望な市場の見つけ方】
①自らの強みが発揮できる市場であること。要素技術が共通であること
②顧客当たりの売上を高められること。アップセル戦略
③同じ市場における競合の買収でシェアを高めて価格支配力を高める戦略
④新規市場の開拓努力（潜在的な需要で顕在化できるものを手掛けること）

Quality Growth

巻末コラム

その9

**"超"初心者が
クオリティ・グロース投資をするには**

本書では、クオリティ・グロース銘柄に投資する話を展開してきました。「第２章第７節で紹介しているようなチェック項目を参考にして企業を選ぶといいですよ」ということを提案してきました。

ただ、そうはいっても、ベテランの方々はともかく、投資の"超"初心者の方々にとってはハードルの高い作業になるかと思われます。定量分析だけではなく、定性分析的な要素も含まれますので、「以下の判別式を満たす企業を探せばよい」とは言われても、"そもそも、その不等式を調べるに至る前の最初の段階"でつまずいてしまう人もいるかもしれません。

【判別式　その１】

$$\mu_1 - \frac{\sigma_h^2}{2} > 0$$

【判別式　その２】

$$\left(\mu_1 - \frac{\sigma_h^2}{2} \right) T > \frac{\sigma_h}{3} \sqrt{T} + fT$$

※想定する投資期間T年以内

　数ある企業のうち、どの企業のバリュエーションを調べればよいのか、情報が多すぎて自分では決められない。このコラムは、そういう人たちのためのものです。

　結論から言います。本書でも強く推しているように、**シェアトップ企業**を調べてみてください。具体的には、時価総額の面で、２番手にダブルスコアをつけているような企業が良いでしょう。そういう企業は、「永続的に成長する（と想定される）」という点で見たとき、スケールメリッ

トに代表されるような「多くの強み」を有している可能性が高いです。

　シェアトップ企業がわからなければ、トヨタなど、**世界にわたって
グローバルで活躍している日本の有名企業**をひたすら調べてみるとい
う形でもいいでしょう。本書の中で紹介したマイクロソフトや村田製
作所なども調べてみるとよいと思います。

　あとは、<u>投資雑誌等で「良い」と紹介されている企業</u>のバリュエー
ションを調べてみてもよいでしょう。"コバンザメ"的なやり方には
なりますが、悩んでしまって銘柄を決められないくらいなら、"他人
の知恵"を拝借するということも、立派な戦略のひとつだと考えます。。
　本書の著者が所属する「なかのアセットマネジメント」では、ファ
ンド立ち上げ後、20〜30銘柄を公開する予定です。オープンにされた
企業の中から、自分の好きな銘柄を選び、練習も兼ねてそのバリュエー
ションを自分でも調べ（特典のエクセルに時系列データを入れるだけ）、
数値を確かめてから長期投資を始める、という流れもお勧めです。

　今は「ChatGPT」という便利なツールもあります。「●●業界の日
本企業の時価総額上位ランキングを教えてください」というような質
問をすれば、該当する企業を挙げてくれると思います。試しに「売上
高費用比率のランキング上位を教えてください」と質問したところ、
以下のような企業を教えてくれました（2024年1月現在）。

ウォルマート（小売業）
アマゾン（小売業・テクノロジー）
アップル（テクノロジー）
マイクロソフト（テクノロジー）
ブリヂストン（製造業）

この質問に追加で「日本企業でお願いします」と打ち込むと、次のようになりました

ファーストリテイリング（Fast Retailing）
キーエンス（Keyence）
ソフトバンクグループ（SoftBank Group）
ブリヂストン（Bridgestone）
セブン＆アイ・ホールディングス（Seven & i Holdings）

　自分で調べる術が確立していないのであれば、便利なものをどんどん取り入れればよいと思います。
　そして、こういう企業のバリュエーション（「判別式　その1」「判別式　その2」）を自分で調べてみて、条件を満たしているようであれば、あとは10年、20年、30年という具合で長期投資を始めてみればよいのです。
　ただし、「判別式」で導き出した結果は「前提条件が変わらない」という想定のうえでの話であることには注意が必要です。したがって、時々、前提条件が変わっていないかの確認は必要です。何も考えずに（＝思考停止状態で）、「ずっと持ちっぱなしでもいい」と言えるほど、投資は甘いものではないからです。

　本書の中でも紹介しているように、**リターンは時間に比例し、リスクは時間の平方根に比例するため、リターンとリスクの関係は時間とともに良化します。**判別式を満たす企業を選んでいる限り、時間を味方にすれば、利益は勝手に増えていきます。そのうまみを、思う存分、味わってください。

パンローリング編集部　磯﨑公亜

あとがき

～引き続きクオリティ・グロース投資の勉強を続けたい方へ～

　本書はクオリティ・グロース投資の入門書として、拡大再生産に着目し、企業売上の成長の重要性を説いてきました。主に長期における大きな成長をけん引するのは売上であるからです。全社売上を中心に分析例を載せてきました。

　しかしながら、企業の多くは複数の事業を営んでいます。それらの合算が全社の売上高なのです。本来であれば、セグメントごとに売上を想定しなければなりません。

　アナリストにとって、大企業1社を分析することはかなりの作業量になります。

　そこで、本書では、誰にでも分析できるように工夫をしました。つまり、簡易的にデータの取得が容易な全社売上を用い、将来の業績想定を統計的な母集団の区間推定に代替させて計算を行ったのです。最終的には、2つの判別式でクオリティ・グロース投資の選定ができるようにしました。ただし、トップシェアで利益率が高い企業を選ぶことが前提です。

　もちろん、投資は多種多様です。長期投資もあれば、短期投資もあります。ほとんどの投資家が短期のリターンを血眼になって探しています。

　短期投資では、クオリティの低さが、短期の株価の振幅の大きさにつながるため、業績や経営の変化の方向性にかける投資が人気であり、これが市場の主流になっています。また、バリュー投資と呼ばれる株

価と資産価値とのギャップに注目する投資も人気です。

　本書は、これらの多種多様な投資を否定するものでありません。さまざまな投資領域に、それぞれ一流の専門家が存在しています。本書では、クオリティ・グロース投資だけを紹介し、わたしの専門外のその他投資手法についての解説は割愛しています。

　さて、本書を難しくしている要因のひとつは、CAPM 理論における資本コストと本書の提唱するグロース、クオリティリスクの違いにあると思われます。

	成長率	リスクプレミアム	ディスカウントファクター
CAPM	株価変化率から計算した母平均μ	インデックスの変化率と個別株価の変化率との共分散を反映したもの	時間に比例
本書	売上変化率から計算した$\mu - \sigma^2/2$	対象となる分布の平均から左半分の中央値の3分の1	時間の平方根に比例

　本書では、売上を想定して、その後、利益率を推察する工程を簡単に紹介しました。統計的な見地から対象物の母集団の分布を想定して分布形状からリスクを定量化しています。売上の変化率や株価の変化率の母集団の分布はロングテールでありながら、平均から2標準偏差の地点ではほぼ正規分布と同じ集積性を示すことを、本書で一部、例を挙げて確認しています。

配当の変化率については、左右対称の分布とはなりません。無配転落があることから分布はいびつなものになっています。また、純益の変化率についても、赤字転落があることから、分布を統計的に考えることができません。

　ただ、やはり、正規分布ではない分布についても、標準偏差の比率で分布の左半分のそのまた半分の値を表すことは不可能ではありません。ですから、配当の変化率から「資本コスト」（クオリティリスク）を算出して成長率の母平均を推定することは無意味ではありません。
　投資におけるリスクは、投資家ひとりひとりによって違うものになります。ステークホルダーごとに事業リスクは異なります。例えば、銀行にとっての貸出先のキャッシュフローの変動率のリスクと、投資家にとっての株価の変動率のリスクとは違う種類のリスクになります。

　また、本書では将来売上の下振れリスクをクオリティリスクとしましたが、同様に、想定配当の下振れリスク（減配リスク）も配当列から同じ計算方法で区間推定できます。配当モデルを使う投資家は、配当列についても統計処理すべきでしょう。T 年後の配当を D として、$D \times \mathrm{EXP}\left(-\sigma / 3\sqrt{T}\right) \mathrm{EXP}\left(-fT\right)$ を T 年後の配当の「現在価値」と見なして、これを市場平均の利回り y で割れば、理論株価を疑似的に算出することができます。この場合の母標準偏差 σ は配当の変化率から計算してもよいのです。企業の支払う配当総額については、無配転落が過去にない企業だけを参照して、配当の変化率から上記の母平均や母標準偏差を推定することは可能なのです。

　また、PER を使う投資家であれば、長期の純益データを使うべきでしょう。

このように、リスク対象が変化すれば、時系列データも変わります。純益についても赤字がなければ、純益の変化率から母平均や母標準偏差を推定することもできます。配当のときと同様に、将来利益を割り引いた後で平準的な市場の益利回りを用いて理論株価を導くことも可能です。

　売上の変化率のみならず、純益や配当の変化率からも、グロース・クオリティ条件式を当てはめることもできるのです。

　調査対象の期間内に赤字に転落をしているケースでは、純益の変化率は算出不能になりますが、途中で赤字年度があっても工夫によって疑似的に母平均や母標準偏差を推定することができます。例えば、費用の変化率において、費用を売上から利益を引いたものと定義します。費用はマイナスにはならない性質を持ちます。

　そこで会社のスケールの拡大を費用の拡大と見なし、売上高利益率の変化率を直近の利益率で割ったものを時系列として採用していくのです。つまり、以下のようにして利益の変動率を疑似化します。

利益の変化率
＝費用の変化率＋売上高費用比率の変化率を直近の比率で割ったもの
＝ＬＮ ｛Ｃ (i) ／ Ｃ (i−1)｝ ＋ＬＮ ［｛Ｓ (i) ／ Ｃ (i)｝ ／ ｛Ｓ (i−1) ／ (i−1)｝］ ／ＬＮ ｛Ｓ (0) ／ Ｃ (0)｝
※Ｓは売上、Ｃは費用を示す

　上の式を時系列データとするための条件は現在の利益率が赤字でないことだけです。
　この時系列から純益の変化率の母平均と母標準偏差を推定し、将来利益の現在価値と株価との関係（理論ＰＥＲ）を見ることができます。

投資には業績や株価など多様な分析対象物があります。そして、それぞれに資本コストが並立しているのです。多数の投資家が多数の対象物を相手に、さまざまな資本コストを有しています。

　投資家は、対象企業に対して、複数の資本コストを併記してバリュエーションを行うのが自然です。より詳細は運用手法については、今回は、紙面の関係上、割愛させていただきました。

　さて、読者の皆さんが、これから発展的に長期投資の学習を継続していこうと思うのであれば、その学習の方向性として、さまざまなものが考えられます。

　例えば、確率や統計学については、大学レベルの教科書が適しています。培風館から出ている国沢清典編の『確率統計演習1と2』はお勧めです。

　アナリスト志望者には、弊著『インベストメント』（北星堂2001年）を紹介することがあります。企業取材の方法論が書かれていると同時に、本書でも紹介した勝利の方程式が紹介されています。

　本書の第3章の参考書としては、東京図書より1999年に出版された石村貞夫・石村園子著の『金融・証券のためのブラック・ショールズ微分方程式』の7章がお勧めです。

　さて、わたしが運用部長を務める「なかのアセットマネジメント」では、若手のアナリストには金融以外の専門性を持つように指導をしています。工学を深めることも有意義です。より根本的に理学を深めることはとても有益です。特に化学はこれからのアナリストになる方はしっかり学ぶべき領域だと思います。

　また、多くのアナリストがＭＢＡを取得しようとしているように、ＭＢＡは金融の常識を学ぶには良い場所です。ただし、金融の知識だ

けでは株式のアナリストは不十分です。やはり特定業界の専門性（医薬、医学、機械工学など）に秀でていることがこれからの金融のプロフェッショナルには求められるでしょう。

　同時に、投資先に対する企業価値向上の提案能力が運用者には求められます。投資家はすべてのステークホルダーが長期的に満足するための重心にならなければなりません。成長率と成長期間（の積）、その期間におけるクオリティリスク、リスクフリーの水準、市場平均利回りと現在の株価という５つが企業価値を考察するうえで必要になります。成長率を高め、成長期間を長期化し、クオリティリスクを抑え、リスクフリーが高い時期にも投資をしっかり行い、市場利回りが高く、現在の株価がなるべく低いうちに投資をするというのが理想です。エンゲージメント投資として、わたしたち、なかのアセットは、「成長率と成長期間の積」と「クオリティリスク」との比率を最大化することを目指し、そのための助言を企業に対して行っています。

　しかし、結局のところ、投資先の経営者と社員とステークホルダーとわたしたち投資家が共に協力してよりよい社会を築くためには、どうしても、基準高く、理想高く、生きなければならないのです。わたしたちの世代が努力を怠って、次世代に禍根を残してはならないでしょう。

　理想高く、競争を楽しみ、ライバルよりも良い商品を世に出し、しっかりと地球の隅々まで理想的な商品を拡販していくことで、社会の切実な課題を解決していけるのです。

　ただ、最終的には、投資とは気概や覚悟であり、他者のために全力で努力することでもあります。

　理想高く意義がある仕事には、大勢の賛同者が集うでしょう。

そこで、陣頭指揮をとりたいものは経営者になります。

　仕事を手伝いたいものは、社員になります。

　資金を手伝いたいものは、投資家になります。

　誰もが無理だと思うような大きな挑戦を長期にわたって継続できるのは、目先の儲けなどではない強い想いなのです。

　儲けのためだけに、我々投資家がいるわけではありません。投資家を続けることによって、社会のことがより深く理解できるようになります。人間を見る目も養われるでしょう。投資で学べることは多く、それは仕事にも趣味にも家族運営にも生かされることでしょう。

　皆さんには、少数派であることを恐れず、人の本質と自己を信じてもらいたいと思います。投資の成果は老後の資金を作ることかもしれませんが、それだけではありません。他者を応援する気概を持てるのが投資家なのだとすれば、投資の成果とは、自己の人間的成長そのものにあると言えるでしょう。自己を成長させ人生を幸せにできる。自ら生きたお金の使い方を示し、後世の人々の良いお手本になる。それもまた、長期投資のギフトなのです。

本書の特典について

　クオリティ・グロース銘柄を探し出すための特典（エクセルデータ）と、分散効果測定のエクセルデータは、弊社の書籍紹介コーナーからダウンロードすることができます。

　以下のQRコードから本書の紹介ページに移行するか（どちらでも大丈夫です）、弊社のホームページ（パンローリング→現代の錬金術師シリーズ→クオリティ・グロース投資入門）からダウンロードしてください。

著者紹介：山本　潤

1963 年生まれ。

1990 年和光証券に入社。初配属はインベストメントバンキング部門であった。同年中に、新人ながら日本興業銀行へ出向。同行の資本市場部にてカスタマーディーラーを担当。1992 年に和光証券へ復帰し、国際本部にて海外機関投資家向けの調査兼営業に従事する。調査を担当した海外機関投資家のほとんどから転職の誘いを受けた。

1997 年に、顧客の一社であった米国の年金運用機関であるクレイフィンレイ社（当時の運用総額 8000 億円）に転職。クレイフィンレイでは、日本株とアジア株のテクノロジーセクターを担当し、ファンドマネジャーとしてクオリティ・グロース投資の研鑽に励んだ。コンサルタントであるフランクラッセル社の年金運用部門の評価では 1997 年から 2000 年までの 3 年間でパフォーマンス上位 1 ％を達成した。

2004 年より日本株のロング戦略に加えて、ショート戦略も同時に担当。2017 年までの 13 年間、ヘッジファンドマネジャーを続けた。その間、GCI アセット、英系のニュースミス投資顧問、マングループにおいて、ファンドマネジャーを歴任した。個人投資家の時代が来ることを予感し、2018 年にダイヤモンド・フィナンシャル・リサーチにて月額 1 万円の定額運用サービスと投資サロンを個人投資家向けに始めた。2021 年、積み立て王子こと、中野晴啓氏から、公募投信業界の運用の高度化への要請を受けて、セゾン投信へファンドマネジャーとして移籍。セゾン共創日本ファンドを立ち上げ、運用を担当するも、中野氏の突然の退任と新会社設立を受けて、2024 年年初に、なかのアセットマネジメントに移籍。現在、同社の運用部長兼チーフポートフォリオマネジャーである。

1988 年島根大学　法文学部法学科卒（政治哲学専攻）
1990 年島根大学　大学院法学修士（法哲学専攻）
2002 年東京理科大学　第二工学部卒（電気工学専攻）
2006 年コロンビア大学大学院工学修士（電気工学専攻）
2013 年中央大学　大学院理学修士。（数学専攻）
2024 年現在、社会人学生として中央大学数学科の博士課程に在籍

主な著書は、以下の通り。
インベストメント（イーフロンティア　2001 年）
投資家から「自立する投資家」へ（パンローリング　2003 年）
1％の人が知っている 99％勝てる株が見つかる本（共著　かんき出版　2019 年）
初心者でも勝率 99％の株ポートフォリオ戦略（かんき出版　2020 年）

2024年3月3日　初版第1刷発行

現代の錬金術師シリーズ⑰

統計学を使って永続的に成長する優良企業を探す

クオリティ・グロース投資入門
——「良い企業」に長期で投資するための勝利の方程式

著　者　山本潤
発行者　後藤康徳
発行所　パンローリング株式会社
　　　　〒160-0023　東京都新宿区西新宿7-9-18　6階
　　　　TEL 03-5386-7391　FAX 03-5386-7393
　　　　http://www.panrolling.com/
　　　　E-mail　info@panrolling.com
編　集　ひじり合同会社
装　丁　パンローリング装丁室
組　版　パンローリング制作室
印刷・製本　株式会社シナノ

本書の感想をお寄せください。
お読みになった感想を下記サイトまでお送りください。
書評として採用させていただいた方には、
弊社通販サイトで使えるポイントを進呈いたします。

https://www.panrolling.com/execs/review.cgi?c=wb

小次郎講師流 目標利益を 安定的に狙い澄まして獲る

真・トレーダーズバイブル

小次郎講師【著】

定価 本体2,800円+税　ISBN:9784775991435

エントリー手法は、資金管理とリスク管理とセットになって、はじめてその効果を発揮する。

本書では、伝説のトレーダー集団「タートルズ」のトレードのやり方から、適切なポジション量を導き出す資金管理のやり方と、適切なロスカットをはじき出すリスク管理のやり方を紹介しています。どんなに優れたエントリー手法があったとしても、資金管理（適切なポジション量）とリスク管理（どこまでリスクを許容すべきか）が構築されていないと、その効果を十二分に発揮できません。何をすべきか（どういうトレードルールを作るべきか）。その答えを本書の中で明かしています。

小次郎講師流テクニカル指標を計算式から学び、その本質に迫る

真・チャート分析大全

小次郎講師【著】

定価 本体2,800円+税　ISBN:9784775991589

安定的に儲けるためにはチャート分析が不可欠である

チャート分析について勉強すると、すぐに「どこが買いポイント、どこが売りポイント」というところにばかり興味がいきます。しかし、それだけの研究はお勧めしません。
すべてのチャート分析手法、テクニカル指標は、過去の相場の達人たちの経験と知恵の結晶です。相場の先人たちが何をポイントに相場を見ていたのかを本書では学べます。

スピード出世銘柄を見逃さずにキャッチする
新高値ブレイクの成長株投資法

ふりーパパ, DUKE。【著】

定価 本体2,800円＋税　ISBN:9784775991633

買った瞬間に「含み益」も大げさではない！
ファンダメンタルの裏付けがある「新高値」の
威力とは？

「新高値」を使った成長株投資を行うと、極めて重要な「投資の時間効率」が格段に向上する。ファンダメンタル分析だけで石の上にも3年的な"我慢の投資"から解放されるのだ。スピード出世する銘柄に出合いやすい点は大きなメリットになる。「新高値」を付けるときには、会社のファンダメンタルズに大きな変化が起きている可能性も高い。つまり、業績を大きく変えるような「何らかの事象が起こっていること」を察知しやすいというメリットも「新高値」を使った成長株投資にはある。

上げても下げても「買い」だけで生涯資産を作る
一粒萬倍の株式投資宝典

松川行雄【著】

定価 本体2,800円＋税　ISBN:9784775991619

やるべきことは、すでに決まっている！

「株式投資でいかに儲けるのか」という話になると、普通は手法が中心になる。しかし、手法に詳しいだけでは足りない。総合的に株式投資のことを知っておく必要がある。株式投資自体は難しくはない。知らなければいけないものだけを理解しておき、やらねばいけないことを決め（＝ルール化し）、決めたことを実行し続けるだけでよい。本書では、株式投資に精通していない人にも取り組んでもらえるように、結果を出しやすい銘柄をまとめた「リスト」を付けている。さらに、圧倒的なパフォーマンスを挙げた手法（週単位）も紹介している。

一流のトレードは、一流のツールから生まれる！
TradingView 入門
「使える情報」を中心にまとめた実戦的ガイドブック

向山勇【著】　TradingView-Japan【監修】

定価 本体2,000円+税　ISBN:9784775991848

全世界3500万人超が利用するチャートツールの入門書

"質"の高い情報が、あなたのトレードの"質"を高める実戦トレーディングビュー活用入門。株式、FX、金利、先物、暗号資産などあらゆる市場データにアクセスできる、投資アイデアを共有できるSNS機能など、無料で使える高機能チャートの徹底活用ガイド。インストール不要だから外出先ではスマホでも。また、株式トレーダーには企業のファンダメンタルズを表示できるのも嬉しい。

買い手と売り手の攻防の「変化」を察知し、トレンドの「先行期」をいち早くキャッチする
天から底まで根こそぎ狙う
「トレンドラインゾーン」分析

野田尚吾【著】

定価 本体2,800円+税　ISBN:9784775991862

トレンドラインを平均化した面（ゾーン）なら、変化の初動に乗ってダマシを極力回避し、天から底まで大きな利益を狙える。

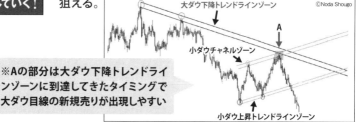

※Aの部分は大ダウ下降トレンドラインゾーンに到達してきたタイミングで大ダウ目線の新規売りが出現しやすい